루돌프 슈타이너의

# 기독교적 세계관

# WHITSUN
## and Ascension
## an Introductory Reader

루돌프 슈타이너의

# 기독교적 세계관

루돌프 슈타이너 지음 | 매튜 바톤 엮음

박병기 · 김민재 옮김

인간사랑

# 역자 서문

세계관은 본질적으로 한 개인이 세계를 바라보는 관점을 의미한다. 그 세계관은 교육과 체험이라는 내외적 과정을 통해 형성되어 일정한 지속성을 갖고 유지되다가 어떤 계기를 통해 전환되거나 바뀌는 역동적인 과정 속에 위치하고 있다.

세계관의 형성은 삶의 방향과 의미를 규정짓는 핵심적인 통로이기도 하다. 제한된 시간과 공간만을 영위할 수 있는 인간이 자신의 삶이 지니는 유한성을 극복하고 그 삶에 의미를 부여하거나 발견할 수 있기 위해서는 어떤 구성의 과정, 즉 무한하고 가없는 우주 안에서 자신의 위치를 확인할 수 있는 최소한의 나침반이 필요하고, 세계관은 곧 이 나침반의 위상과 역할을 담당하기 때문이다.

우리가 교육을 통해서 삶의 의미와 가치를 향한 지향을 추구하고자 할 때 결국 우리가 도달하고자 하는 중요한 목표점이 세계관 형성이 될 수밖에 없는 이유이기도 하다. 그런데 한 개인의 세계관 형성 과정은 그 개인이 서 있는 시간과 공간 속에 작동하고 있는 현존의 세계관과 익숙해지는 과정에서 시작한다. 익숙해진 후에는 물론 그것을 비판적으로 극복하면서 새로운 자신만의 세계관을 형성할 수 있는 가능성이 동시에 열려 있어야 한다.

이 땅에서 21세기를 살아내고 있는 현재의 우리들, 즉 '현대 한국인' 들에게 강력한 영향을 미치고 있는 세계관들은 어떤 것일까? 아마도 그 범위 안에는 불교와 유교로 대표되는 전통적 세계관도 포함되겠지만, 그것 못지않게 과학기술을 근간으로 삼는 물리주의적 또는 자연주의적 세계관과 기독교적 세계관도 큰 영향을 미치고 있을 것이다. 기독교적 세계관은 이미 우리의 삶 속에 깊은 뿌리를 내리고 있는 반면에, 다른 한편으로는 여전히 불교 등 전통 종교들과 갈등을 빚으면서 갈등과 충돌의 요인으로 작동하고 있기도 하다.

루돌프 슈타이너의 이 책은 바로 그러한 기독교적 세계관의 본질과 핵심 내용이 무엇인지를 알게 하는 데 많은 도움을 주는 자료이다. 매튜 바톤이라는 요령 있는 편집자가 슈타이너의 강연 중에서 기독교적 세계관과 관련된 핵심 내용을 발췌하고 그에 상응하는 기독교 성경 구절들을 찾아 제시하는 형식으로 구성한 이 책은 기독교 또는 예수라는 틀을 통해서 바라볼 수 있는 자신의 내면과 자연, 우주의 속성을 짐작하게 하는 데 손색이 없다.

이 책의 초역과 부록 작성은 김민재가 맡았다. 책의 가독성을 높이기 위해 원본에서는 언급만 되고 직접 제시되지는 않는 그림들을 찾아 넣기도 했고, 부록을 통해 슈타이너의 삶과 사상에 대한 이해를 높이고자 했다. 이렇게 초역된 내용을 박병기가 전반적으로 검토하고 보완하면서 번역서의 전체 구성을 현재와 같은 형태로 만들었다. 우리 두 번역자는 '한국교원대학교 윤리교육과'라는 학문 공동체의 구성원들이다. '아이들과 만나는 교실수업 현장과 보다 가까운 교사'를 목표로 삼아 학부와 대학원 과정을 운영하고 있는 우리 학문 공동체는 전국의 도덕 · 윤리 교사들에게 파견 또는 계절제 대학원 수학의 기회를 함께하면서 도덕교육을 보다 의미 있게 할 수 있는 방향과 방법에 관한 고민의 장으로서의 역할을 일정하게 수행해내고 있다는 자부심을 갖고 있다.

김민재는 그곳에서 학부와 대학원 석사과정을 졸업하고 현재는 태동고전연구소(지곡서당)에서 전통적인 방식으로 사서(四書)를 암송하는 지난한 과정을 거치고 있고, 다른 한편으로 박사과정에 적을 두고 있기도 하다. 박병기는 서양윤리학적 배경의 사회윤리와 도덕교육을 주관심사로 삼아 박사과정을 마친 후에, 우리 전통의 문제로 관심을 돌려 불교윤리와 철학을 중심으로 윤리학과 도덕교육의 새로운 방향을 모색하는 시도를 하고 있는 중이다.

이런 배경의 역자들에게 슈타이너의 이 책은 전통과 서구의 접점 또는 주체와 타자의 만남이라는 차원에서 흥미로운 화두(話頭)를 제공해 주었다. 서양사상과 문명은 본래 이성 중심의 그리스적 사유와 신앙 중심의 기독교적 사유가 만나면서 이루어졌고, 그것이 자연과학의 발달과 맞물리면서 근대 이후의 거대한 생산력을 창출해내는 데 성공하는 지점까지 이르고 있다. 그러한 서양은 우리에게 더 이상 단순한 타자가 아니다. 자연과학적 패러다임은 우리 삶의 거의 모든 측면에서 작동하고 있고, 기독교적 세계관은 많은 수의 기독교인은 물론 타종교인들과 종교를 갖고 있지 않은 사람들에게까지 막대한 영향력을 미치고 있다.

이 책은 그런 위상을 갖고 있는 기독교적 세계관의 본질적 측면이 무엇이고 또 무엇이어야 하는지를 생각해 볼 수 있게 하는 좋은 읽을거리를 제공해 준다. 그리스 신화의 다양한 편린들을 함께 다루고 있기 때문에 서양사상의 두 원천을 동시에 생각해 볼 수 있게 하는 장점도 지니고 있다. 여러 가지 선행지식이 필요한 내용도 많고 해서 쉽게 읽을 수 있는 책은 아니지만, 역자들이 제공하고자 노력한 부록 등을 참조해 가면서 읽어가는 인내심을 발휘하다 보면 기대 이상의 지식과 안목을 가질 수 있게 될 것이라고 믿는다.

이 책이 출간되는 기쁨을 한국교원대학교 대학원 윤리교육과의 조성민, 김진근, 박정원, 차우규, 임병덕, 남궁달화 교수님과 대학원생들, 그리고 임용시험 준비와 바람직한 도덕교사상 탐구라는 이중적 목표 추구 과정에서 분투하고 있는 윤리교육과 학부생들과 함께 하고 싶다. 원고를 멋진 책으로 꾸며주신 도서출판 '인간사랑'의 여국동 사장님과 홍성례 편집장님께도 감사드리고 역자들 가족과 주변에서 우리 삶의 의미들을 함께 공유하고 있는 사람들과도 기쁨을 함께 하고자 한다.

2009년 봄을 맞으면서

**박병기 · 김민재** 드림

# 목차
contents

## 슈타이너의 강연문들과 관련하여 고려해야 할 사항*

이 책 안에 포함되어 있는 강연문 및 연설문들은 독일어 원문을 번역한 것인데, 그것은 속기로 기록되거나 혹은 다른 방법으로 기록된 내용들을 기본으로 하였으며, 대부분의 경우 슈타이너에 의해 재검토되거나 교정되지 않았던 것이다. 그러므로 이 강연문과 연설문들은 듣기와 필사(筆寫)에서 발생하는 인간적 실수들로 인해 오해들과 잘못된 인용들을 포함할 수 있다. 그럼에도 이 책의 내용들이 지닐 수 있는 오류를 최소화하기 위해서 많은 노력들이 기울여졌다.

이 강연문들 중 일부는 인지학과 보다 친숙한 청중들에

---

* 이 내용은 본래 매튜 바톤의 영문 번역서에서 맨 뒤에 첨부되어 있던 것인데 슈타이너의 강연문들의 성격에 대한 독자의 이해를 위해 역자들이 그 위치를 바꾸었음을 밝혀둔다.

게 제공된 것이다. 이런 것들은 소위 '비공개의' 혹은 '회원들을 위한' 강연들이다. 공개적인 서면으로 된 다른 강연문들은 일반적인 청중들을 위해 기획되었다. 루돌프 슈타이너가 그의 『자서전』에서 지적한 것처럼 이런 공개적인 강연과 비공개적인 강연 사이의 차이점은 이중적이다. 한편으로 그 회원들을 위한 강연은 인지학적 배경과 책임을 당연한 것으로 여긴다. 그러나 공개적인 강연은 그렇지 않았다. 또한 회원들을 위한 강연들에서는 회원들의 관심사와 딜레마에 대해서도 이야기하는 반면, 공개적인 강연에서는 슈타이너 본인이 이해하고 있는 우주적인 필요들에 대하여 직접적으로 말한다. 이런 차이에도 불구하고 슈타이너는 다음과 같이 두 강연 사이의 공통점을 강조하고 있다.

> "인지학의 불어나는 내용들은 나의 직접적인 경험의 결과가 대부분이었다. 회원들의 편견들과 편애들에 대한 용인에는 아무런 의문의 여지가 없었다. 그러나 비공개적으로 인쇄된 이런 강연문들을 읽는 이라면 누구든지, 완전하게 충만한 감각 속에서, 그것들이 인지학을 표현하는 것이라고 받아들일 수 있다. 따라서 이 중요한 '회원들만을 위한' 이라는 빙글빙글 도는 관행으로부터 벗어나는 것이, 이런 방향에 대해 불평들이 너무나 완고할 때에도 망설임 없이 가능하였다. 그러나 이런 보고서들 내에서 나타나는 잘못된 인용들을 혼자

서 교정할 수 없다는 사실이 마음에 걸리는 부분이다."

"나는 그것들[비공개적인 강연들]을 바로 잡을 수 있었고, 따라서 '회원들만을 위한' 제한은 처음부터 불필요한 것이었다."

이 책의 내용을 이루는 본래의 강연은 스위스 도르나흐에 있는 루돌프 슈타이너 출판사에 의해 출판된 『루돌프 슈타이너 전집』에 실려 있다. 모든 출판물들은 루돌프 슈타이너 재산 관리인에 의해 편집되었고, 그것들은 전적으로 루돌프 슈타이너 출판사와 루돌프 슈타이너 기록 보관소 양쪽의 소유이다. 이 기관들은 오로지 기부금에 의존하여 운영되고 있다.

# 1 구름으로 상승하여 지구에 속박되다

**WHITSUN**
and Ascension
an Introductory Reader

## 빌라도 앞에서 재판받는 예수

「마태복음」 27장 11절-26절

**11**. 예수께서 총독 앞에 섰으매 총독이 물어 가로되 네가 유대인의 왕이냐 예수께서 대답하시되 네 말이 옳도다 하시고

**12**. 대제사장들과 장로들에게 고소를 당하되 아무 대답도 아니하시는지라

**13**. 이에 빌라도가 이르되 저희가 너를 쳐서 얼마나 많은 것으로 증거하는지 듣지 못하느냐 하되

**14**. 한 마디도 대답지 아니하시니 총독이 심히 기이히 여기더라

**15**. 명절을 당하면 총독이 무리의 소원대로 죄수 하나를 놓아 주는 전례가 있더니

**16**. 그 때에 바라바라 하는 유명한 죄수가 있는데

**17**. 저희가 모였을 때에 빌라도가 물어 가로되 너희는 내가 누구를 너희에게 놓아 주기를 원하느냐 바라바냐 그리스도라 하는 예수냐 하니

**18**. 이는 저가 그들의 시기로 예수를 넘겨 준 줄 앎이러라

**19**. 총독이 재판 자리에 앉았을 때에 그 아내가 사람을 보내어 가로되 저 옳은 사람에게 아무 상관도 하지 마옵소서 오늘 꿈에 내가 그 사람을 인하여 애를 많이 썼나이다 하더라

**20**. 대제사장들과 장로들이 무리를 권하여 바라바를 달라 하게 하고 예수를 멸하자 하게 하였더니

21. 총독이 대답하여 가로되 둘 중에 누구를 너희에게 놓아 주기를 원하느냐 가로되 바라바로소이다

22. 빌라도가 가로되 그러면 그리스도라 하는 예수를 내가 어떻게 하랴 저희가 다 가로되 십자가에 못 박혀야 하겠나이다

23. 빌라도가 가로되 어찜이뇨 무슨 악한 일을 하였느냐 저희가 더욱 소리 질러 가로되 십자가에 못 박혀야 하겠나이다 하는지라

24. 빌라도가 아무 효험도 없이 도리어 민란이 나려는 것을 보고 물을 가져다가 무리 앞에서 손을 씻으며 가로되 이 사람의 피에 대하여 나는 무죄이니 너희가 당하라

25. 백성이 다 대답하여 가로되 그 피를 우리와 우리 자손에게 돌릴찌어다 하거늘

26. 이에 바라바는 저희에게 놓아 주고 예수는 채찍질하고 십자가에 못 박히게 넘겨 주니라

# 열매를 맺기 위하여 **꽃을 피우다***

'도르나흐'에서 1923년 5월 7일에 행해진 강연 중 발췌

저속도 촬영 사진(Time lapse photography)은 꽃이 빠른 동작으로 피고 지는 것의 아름다운 율동성을 드러낼 수 있는데, 그 리듬은 사람의 심장 수축과 확장을 떠오르게 한다. 이 글에서 슈타이너는 꽃과 심장을 직접적으로 연결시키고 인간의 영이 지닌 열정적인 기질(fire-tempered)의 씨앗이 역동적으로 깜박거리는 과정에서 '열매'를 위한 승천의 열린 확장과 성령 강림절의 수축을 구체화시킨다.

사람들이 잔치 기간을 위해 다른 시간들을 영적 이해로 채우려고 다시 노력할 때, 잔치 기간은 또 한번 진정한 우주적 중요성으로 물들여지게 될 것입니다. 지구 내 존재로서 인간은 동반하는 것을 배울 것이며, 우주적 실재(實在)를 경험하게 될 것입니다.

또한 성령 강림절은 아주 훌륭한 꽃의 잔치입니다. 이 잔치에 대하여 진실한 느낌을 지니는 이라면 그 누구라도 태양의 영향, 에테르체, 그리고 아스트랄체의 영향[1]을 받고 있는 꽃봉오리들과 활짝 핀 꽃들 사이로 갈 것입니다. 그리고 그렇게

* 도르나흐, 1923년 5월 7일, 『잔치들과 그 의미』, 루돌프 슈타이너 출판부, 2002.

꽃으로 장식되어진 지구에서 그 지구의 영상을 인식할 것이며, 그리스도 승천의 영상 및 불의 혀들이 제자들의 머리 위로 내려오는 영상, 이 두 가지 영상들을 통하여 함께 흘러나오는 것의 반영을 인식할 것입니다. 그 열린 사람의 심장은 아마도 태양을 향하여 핀 꽃으로 상징될 수 있을 것입니다. 그리고 태양으로부터 흘러나오는 것은 꽃이 열매를 맺는 데 필요한 풍부한 힘을 줄 것인데, 그것이 제자들의 머리 위로 내려오는 불의 혀들로 상징될 수 있을 것입니다. 인지학(Anthroposophy, 人智學)[2]은 그 잔치들의 이해, 그리고 각 잔치 기간의 진실한 명상으로부터 흘러나오는 힘으로 인간의 심장에 작용할 수 있습니다. 이것은 진정으로 이런 봄날에 속해 있는 혼의 기분을 불러내는 데 도움을 줄 수 있을 것입니다.

## 군병들이 예수님을 조롱함

「마가복음」 15장 16절-20절

**16**. 군병들이 예수를 끌고 브라이도리온이라는 뜰안으로 들어가서 온 군대를 모으고

**17**. 예수에게 자색 옷을 입히고 가시 면류관을 엮어 씌우고

**18**. 예하여 가로되 유대인의 왕이여 평안할찌어다 하고

**19**. 갈대로 그의 머리를 치며 침을 뱉으며 꿇어 절하더라

**20**. 희롱을 다한 후 자색 옷을 벗기고 도로 그의 옷을 입히고 십자가에 못 박으려고 끌고 나가니라

# 속박에서 풀리다 : 자각의 잔치*

'베를린' 에서 1904년 5월 23일 월요일 성령 강림절에 행해진 강연 중 발췌

꽃과 열매의 영상에 이어서 이 글에서 승천은 몸의 변용(transfiguration, 變容)으로서 보이는바, 그것은 꽃이 식물의 녹색 잎들의 정점이자 변형인 것과 같다. 들숨에 의해 날숨이 발생하는 것과 마찬가지로 새로운 삶을 위한 추진력과 능력에 의해 이런 절대적인 개방이 뒤따른다. 고차적 형태인 성령 강림절의 경우에는 보다 많은 의식적 이해가 있다.

그러므로 부활절의 신비는 오직 성령 강림절의 신비와 더불어 합칠 때야 비로소 그것의 완전함을 드러내는 것입니다 [역자 주 : ① 부활절(復活節)-기독교에서 예수의 부활을 기념하는 축일로서, 춘분(春分) 뒤의 첫 만월(滿月) 다음에 오는 일요일이며, 상당히 오랜 기간을 칭하기도 하는데, 이 경우 부활 주일로부터 일 주일 또는 50일 동안의 기간을 의미한다. ② 오순절(五旬節) 혹은 성령 강림절(聖靈降臨節)-기독교에서 부활절 후 50일째 되는 날로서, 성령 강림을 기념하는 날을 의미한다. 성령 강림절은 특히 영국식 표현이다.]. 우리는 성스러운 표본으로서 예시되는 인간의 자아(ego)[3]가 육체적 본성이 완벽하게 변형되어 하나님께 다시 재물을 바칠 수

* 베를린, 1904년 5월 23일, 『성전 전설』, 루돌프 슈타이너 출판부, 2002.

있게 낮은 단계의 자아를 내던지고 순차적으로 사라져 가는 것을 볼 수 있습니다. 승천은 이와 관련된 그림 같은 상징입니다. 우리가 물리적인 육체를 변형시키고 영혼을 위하여 다시 그것을 재물로 바칠 때 영적인 삶의 유입을 받을 수 있게, 그리고 인류의 거대한 원형적 전형을 의미하는 단어들인 '성령(Holy Spirit) 강림' (역자 주 : 성령은 삼위일체 신의 제3위이다. 생각하고 느끼며 의지를 가지는 존재로서 성부 및 성자와 동등한 지위이다. 이 성령은 영이기에 신성만을 지니는 것이다. 이것은 성령을 오감으로는 느끼지 못할 수 있으나 없다는 것이 아니며, 영적으로 태어날 때 비로소 알 수 있다는 것이다.)이라고 불리는 것을 경험할 수 있게 원숙해질 것입니다⋯.

「부활」
엘 그레코(1541-1614) 작

인간의 영은 자유롭게 되어야 하고, 활기 없거나 속박되어서는 안 됩니다. 그리고 그것이 또한 기독교의 깊은 목적입니다. 건강과 치료는 신성함과 연결되는 것입니다. 성스러운 영은 치료할 수 있습니다. 인간은 생리적 상태에 있어 속박이라는 상태로부터 건강 및 자유라는 상태로 해방되어야 하는 것입니다. ⋯

따라서 성령 강림절은 인간 영에 대한 해방의 상징으로

서 자유를 위한, 그리고 우리의 자유의 자각을 위한 인류의 투쟁의 상징으로서 보일 수 있는 것입니다.

만약 부활절 잔치가 사실상 그리스도 부활의 잔치라면, 그러면 성령 강림절 축제는 인간의 영이 의식적으로 되어가는 과정의 상징이며, 이런 것들을 이해하는 사람들, 그리고 이런 자각에 완전히 스며든 사람들의 잔치는 곧 자유를 찾아가는 것입니다… .

우리는 한편으로 우리가 물리적인 환경에 얽매어 있다는 것과 다른 한편으로 우리가 본성 내의 보이지 않는 것들과 연결되어 있다는 것을 명확히 보아야만 합니다. 우리는 우리가 서 있는 장소를 알아야만 합니다. 왜냐하면 우리 인간들은 둔감하거나, 덧없거나, 쇠퇴하기 전의 번영기에 제한되어 있는 것이 아니라, 자유를 발달시키고 전체 존재의 완전한 의식적 펼쳐짐으로 향할 운명이기 때문입니다.

## 십자가

「마태복음」 27장 32절-44절

**32**. 나가다가 시몬이란 구레나 사람을 만나매 그를 억지로 같이 가게 하여 예수의 십자가를 지웠더라

**33**. 골고다 즉 해골의 곳이라는 곳에 이르러

**34**. 쓸개 탄 포도주를 예수께 주어 마시게 하려 하였더니 예수께서 맛보시고 마시고자 아니하시더라

**35**. 저희가 예수를 십자가에 못 박은 후에 그 옷을 제비 뽑아 나누고

**36**. 거기 앉아 지키더라

**37**. 그 머리 위에 이는 유대인의 왕 예수라 쓴 죄패를 붙였더라

**38**. 이때에 예수와 함께 강도 둘이 십자가에 못박히니 하나는 우편에, 하나는 좌편에 있더라

**39**. 지나가는 자들은 자기 머리를 흔들며 예수를 모욕하여

**40**. 가로되 성전을 헐고 사흘에 짓는 자여 네가 만일 하나님의 아들이어든 자기를 구원하고 십자가에서 내려오라 하며

**41**. 그와 같이 대제사장들도 서기관들과 장로들과 함께 희롱하여 가로되

**42**. 저가 남은 구원하였으되 자기는 구원할 수 없도다 저가 이스라엘의 왕이로다 지금 십자가에서 내려올찌어다 그러면 우리가 믿겠노라

**43**. 저가 하나님을 신뢰하니 하나님이 저를 기뻐하시면 이제 구원하실찌

라 제 말이 나는 하나님의 아들이라 하였도다 하며
44. 함께 십자가에 못 박힌 강도들도 이와 같이 욕하더라

# 관통하는 **영상들***

'도르나흐'에서 1923년 5월 7일에 행해진 강연 중 발췌

이 글에서 슈타이너는 승천과 성령 강림절의 선명한 두 영상들을 마음 속에 그려내게 하기 위하여 청자들에게 호소한다. 고정된 개념들과 달리 그런 상상의 영상들은 끝없이 심화되고 발전하며, 생생한 특질을 지니게 된다. 슈타이너가 이 글에서 묘사하는 승천의 새로운 면은 그리스도의 행위를 거스르는 것으로서 혹시 발생할 수 있는 열매 없는 꽃으로서의 소멸에 대한 경고이다. 슈타이너는 또한 모든 인류의 육체적 구원의 전형인 부활절과 인류를 앞으로 나아가게 하기 위해 요구되는 개별화된 통찰력의 잔치로서 성령 강림절을 구별한다. 그런 통찰력은 '영혼의 씨앗'으로서 우리들 중 하나로 분리된 각 개인의 내부에 형성된 것이다. 생생한 상상의 영상들에 의해 대표되는 것으로서 역동적인 사고는 우리의 개인적 지식의 역량을 발달시키기 위해 필요로 하며, 또한 이것은 우리들 각각을 모든 다른 인간들, 나아가 지구와 우주와도 다시 연결시킬 수 있다.

사람들은 단지 어떤 개념을 이해한다는 것으로 그들이 어떤 주제의 근본에 도달하였다고 생각합니다. 그러나 영상 혹은 상상의 경우에는 그런 견해가 가능하지 않은데, 왜냐하면 그것은 살아 있는 존재, 심지어 인간처럼 생생한 방식으로 활

* 도르나흐, 1923년 5월 7일, 『잔치들과 그 의미』, 루돌프 슈타이너 출판부, 2002.

「그리스도의 승천」
렘브란트(1606-1669) 작

동하기 때문입니다. 우리가 알게 되는 살아 있는 존재의 어떤 측면이든지 그것은 우리에게 새로운 측면들을 계속하여 제시할 것입니다. 우리는 추정상의 범위가 넓은 설명에 만족해하지 말고 우리의 영상을 확대시키는 특성들을 찾아야 할 것이며, 또한 스스로에게 꾸준히 증가하는 지식을 주어야 할 것입니다.

오늘 나는 여러분에게 잘 알려진 두 개의 영상들을 제시하고, 그것들의 어떤 측면들을 묘사하려고 합니다.

첫 번째 영상은 승천의 날, 예수 그리스도의 제자들에 대한 것입니다. 위를 응시하면서 그들은 그리스도가 구름들 사이로 사라지는 모습을 보고 있습니다. 이 장면에 대한 일반적인 해석은 그리스도가 하늘로 올라가서 지구로부터 분리되고, 그리스도는 실로 제자들과 모든 인간을 위하여 골고다의 기적(Golgotha, 역자 주 : 골고다는 아람어이며, 라틴어로 '갈보리'라고도 한다. '해골산' 혹은 '해골이라고 불리던 곳'이라는 의미이다. 그리스도가 십자가에 못 박혀 죽은 예루살렘 교외의 장소로서, 신약성서에는 이곳에서 그리스도가 사망한 후 여러 가지 초자연적 현상이 발생했던 것으로 기록되어 있다.)을 행하였음에도 제자들은 홀로 남겨졌다는 것입니다.

어떤 존경심에서 여러분들은 그것이 골고다의 기적의

사실과는 맞지 않다는 생각이 떠오를 것입니다. 우리는 골고다[4]에서의 그리스도의 행위를 통하여 그가 자신의 존재와 지구를 통합시키려고 결심했다는 것을, 다른 말로 하면 그 이후로 영원히 지구의 진화와 연결된 채로 남기를 결심했다는 것을 알고 있습니다. 따라서 그 강력한 승천의 영상은, 골고다의 기적에 대한 비의적(esoteric, 秘義的) 관점이 그리스도와 지구, 인간의 결합에 대하여 드러내는 것과 맞지 않는 것으로 보이기도 합니다. 오늘 이 명백한 모순을 해결하기 위하여 우리는 영적 사실에 의존해야 할 것입니다.

「**성령의 강림**」– 장 레스투(1692–1768) 작

내가 여러분이 상상하길 바라는 두 번째 영상은 승천 이후 10일이 지난 뒤의 장면으로서, 불의 혀 같은 것들이 모여 있는 제자들의 머리 위로 내려왔고, 그들은 '서로 다른 언어로 말

하게' 되었던 때입니다(역자 주 : 오순절, 즉 성령 강림절이 되어 제자들이 모여 있었는데, 그때 혀의 형상을 한 불길이 각 사람에게 내려 그들은 자신들이 알지 못하던 여러 외국어, 방언 등으로 말을 하게 되었던 것이다. 이 내용은 신약성서 「사도행전」에 기록되어 있다.). 실제로 이것은 종교나 교의(教義) 등에 상관없이 그후 제자들이 골고다에서의 행위의 비밀을 모든 인류의 가슴으로 전할 수 있게 되었음을 의미하는 것입니다.

이 두 가지 영상들을 마음에 보존하도록 하십시오. 왜냐하면 우리는 그것들의 의미에 대하여 어떤 암시를 주기 위하여 시도할 것이기 때문입니다….

쥐스(E. Suess, 1831-1914)는 『지구의 표면』(*The Face of the Earth*)이라는 그의 책에서 오늘날 우리의 발 아래 흙은 이미 죽어가는 지구에 속해 있다고 진술하였습니다. 아틀란티스(Atlantean) 시대[5] 동안 지구는 말하자면 중년기에 있었는데, 그 시기에는 내적인 삶으로 충만하였고, 지금 시대에 보이는 점차 부식해 가는 바위나 돌과 같은 구성물들은 없었습니다. 광물 요소는 지상계에서 오늘날 동물 유기체 내에서 활동하는 것과 같은 방식, 즉 안에서는 용해의 상태로, 밖에서는 유기체가 죽지 않는 한 형성되지 않을 침전물들로 활동하였습니다. 만약 그 동물 유기체가 건강하다면 침전물들로서 형상을 취하였다고 말할 수 있는 것은 오직 뼈들뿐입니다. 그러나 그 뼈 안에는 여전히 내적인 삶이 있으니, 그것들은 우리 시대의 산과 바위가 침식되어 먼지로 되는 것과 같이 부스러지지는 않습니다. 이 침식과 부스러짐은 지구가 이미 죽음의 과정에 압도되고 있다는 증거인 것입니다. … 인간의 육체적 몸은 지구의 쇠퇴 과정에 포함되어 있는 것입니다 … .

골고다의 기적이 행해지던 무렵 인간의 육체적 몸은 당시 이미 인간의 모습을 취하였던(in incarnation)[6], 혹은 약 기원 후 4세기까지의 가까운 미래에 인간의 모습을 취하였던 이들이 마주 대한 외롭고 메마르게 변해가는 지구의 모습과 같은 쇠퇴의 정도에 도달하였으며, 그래서 미래에 그들은 지구상의 물질로부터 육체적인 몸을 구성하기 위하여 혼-영적인 세계에서 내려올 수가 없었습니다. 이런 위험이 존재하였고, 그래서 그 피할 수 없는 결과는 인간의 지구상에서 주어진 임무의 실패였습니다. 골고다의 기적의 시간에 의해, 아리만적[ahrimanic, 역자 주 : 아리만(ahriman)이란 조로아스터교에서 어둠의 신을 말한다.]인 것과 루시퍼적[luciferic, 역자 주 : 루시퍼(lucifer)는 기독교에서 악마의 의미로 쓰이지만 본래의 의미는 '횃불의 운반자', '빛의 운반자' 라는 의미이며, 처음에는 천사였으나 신에게 반역한 죄로 천국에서 쫓겨난 존재로 알려져 있다. 그 루시퍼의 가장 큰 죄는 바로 오만이었는데, 그것은 그리스도와 인간에 대한 오만이었다. 밀턴(J. Milton, 1608-1674)은 『실낙원』(*Paradise Lost*)에서 이 이야기를 다루었다.]인 것이 결합된 힘들[7]이 인간을 소멸의 지점 가까운 데서 데려오는 것에 성공하였습니다.

골고다의 기적에 의해 인류는 이런 운명으로부터 구조되었으며 치료되었습니다. 인간의 육체적 몸 그 자체는 삶과 활력에 필요한 힘을 다시 빨아들이게 되었습니다. 인간들은 지구에서의 그들의 더 나은 진화를 계속하기 위한 능력을 받았고, 지금은 혼-영적인 세상으로부터 내려올 수 있게 되었으며, 육체적 몸들 내에서 살아가는 것이 가능하다는 것을 찾을 수 있게 되었습니다. 그것이 골고다의 기적의 매우 진정한 효과였습니다….

이제 성경의 사건, 승천의 영상으로 돌아와서 우리는 그 시간에 제자들이 진리 속에서 지구 진화의 깊은 비밀에 대해 통찰력 있게 볼 수 있게 되었다는 것을 깨달아야만 합니다. 이런 비밀들은 사람들의 일상의 의식에 의해 주목받지 못하고 남아 있으며, 그런 일상의 의식은 인간 진화 안에서 가장 중요한 어떤 것이 발생하는 한 지점 혹은 다른 지점을 알 수 없습니다. … 그런데 그 승천의 영상은 실제로 이 순간에 그리스도의 제자들이 거대한 중요성을 지니는, 말하자면 진화의 장면들 이면에서 발생했던 사건을 목격할 수 있었다는 것을 의미합니다.

제자들이 목격했던 것은 그들에게 하나의 영상으로 나타났는데, 그것은 만약 골고다의 기적이 일어나지 않았더라면 인류에게 어떤 일이 발생했을 것인가와 관련된 광경이었습니다. 그들은 그후 발생했을 생생한 영의 진실을 보았던 것입니다. 그들은 인간의 육체적 몸이 타락하여 너무나 급진적으로 인류의 전체적인 미래가 위험에 처하게 될 것을 보았습니다. 이 육체적 타락의 결과로 인간의 에테르체[8]는 전적으로 그것에 속한 유혹의 힘들을 따르게 되었습니다. 에테르체는 계속적으로 지구 쪽이 아닌 태양 쪽으로 끌렸습니다. 우리의 몸은 중력의 지배를 받아 지구의 무게를 지닙니다만, 그러나 우리의 에테르체는 어떤 이는 '경거망동'(levity)이라고 부르는 정반대의 것을 지닙니다. 골고다의 기적이 없었다면 불가피하게 발생했을 것으로서, 인간의 육체적 몸은 타락하였고 인간의 에테르체들은 그것들의 풀려버린 태양을 향한 유혹을 좇아 드디어 육체의 몸을 떠났으며, 따라서 지구상에서 인류의 존재는 끝나버린 것입니다.

골고다의 기적까지 그리스도가 머무르는 장소는 태양이었습니다. 그런 까닭에 인간의 에테르체가 태양을 향하여 노력하는 것만큼 에테르체는 그리스도를 향하여 노력하고 있는 것입니다. 이제 그 승천의 장면을 마음에 그려봅시다. 영적인 시각을 통하여 제자들은 하늘을 향해 오르고 있는 그리스도, 바로 그를 보고 있습니다. 그 시각은 그들의 앞에 인간의 에테르적 성질이 위로 향하려는 노력 속에서 어떻게 그것 자체를 그리스도의 힘 그리고 자극과 결합시키는지 나타내었습니다. 흩어져 사라져 버리는 구름처럼 지구를 떠나 태양을 향해 뽑아내어지는 위험 상태에 있었던 인간의 에테르체는 그 대신 그리스도의 골고다의 기적을 통하여 결합되고 억제되어 있습니다. 그것은 실제적 경고이기 때문에 이 영상은 올바르게 이해되어져야 함이 틀림없습니다. 그리스도는 우리 안의 그런 힘들, 즉 본성적으로 태양을 향해 노력하고 지구로부터 떨어지며, 그리고 언제나 그렇게 할 힘들과 성격이 유사합니다. 그러나 그리스도는 지구와 통합된 채 남아 있으며, 따라서 우리를 안전하게 지구에 매어놓고 있는 것입니다.

따라서 이 승천의 영상 속에서 제자들은 만약 골고다의 기적이 일어나지 않았더라면 무슨 일이 발생했을까 인식합니다. … 그리스도는 지구를 위하여, 우리의 태양을 향하여 노력하는 에테르체를 구하였습니다. 그리스도가 태양을 향하여 노력하고 있는 에테르체를 움켜쥐고 억제시키고 있다는 사실은 그가 지구상에서 인류와 통합되어 남아 있음을 보여주고 있습니다. 골고다의 기적을 통하여 그리스도는 우주적 사건을 지구 진화 내에서 행하였습니다. 그는 영의 고도(height, 高度)에서 내려왔고, 나자렛 예수(Jesus of Nazareth)라는 인간을 통하여 자신을 인류와 연결시켰으며, 골고다의 기적을 행함으로써 그의 진화와 지구의 진화를 연결시켰습니다. 이것은 모든 인류를 위하여 이루어진 우주적 행위인 것입니다… .

골고다에서 그리스도의 그 행위는 객관적인 사실이며, 그리스도의 우주적 중요성은 우리가 그것에 대해 믿는가에 의존하지 않습니다. 어떤 객관적인 사실은 독립적인 사실성을 지닙니다. 만약 어떤 가마(oven)가 뜨겁다면, 다수의 사람들이 그것이 차갑게 될 것이라고 믿는다고 해서 그렇게 되는 것은 아닙니다. 골고다의 기적은 육체적인 몸의 쇠퇴로부터 인류를 구하였으며, 사람들이 그것에 대해 믿든 믿지 않든 상관없습니다 ….

그러므로 이제 미래의 오랜 시간 동안 지구에서 인간을 위하여 그들이 구체화할 수 있고 구체화하려 할 몸들을 찾는 것이 가능합니다. 그러나 이제 이런 점들이 지구에서 인간들의 몸이 원기를 회복하게 하는 가운데 삶을 통과한다는 것은 영(spirit)과 혼(soul)의 존재들로서입니다. 영과 혼의 존재들이기 때문에 그들은 지구상에서 되풀이해 나타날 수 있는 것입니다. 육체적 몸을 위해서만큼이나 인간의 영적 본성을 위해서 큰 중요성을 지니는 그리스도의 자극은, 깨어 있는 상태에서도 그 자체로서 감동을 줄 수 있습니다만, 만일 우리가 이 자극을 우리의 혼을 향해 받아들이지 않는다면 잠든 삶 속으로는 그것이 들어갈 수 없습니다.

그래서 골고다의 기적은 그것에 대해 지식이 없는 이들의 깨어 있는 삶에도 영향을 미칩니다만, 잠든 삶에 있는 그들에게는 영향을 주는 데 실패합니다. 그 피할 수 없는 결과는 인간들이 지구에서 구체화되는 시간 및 반복의 가능성을 획득한다고는 해도, 골고다의 기적에 대하여 무지한 그들의 잠든 상태는 영 및 혼의 본성과 그리스도의 연결을 최후에는 흐릿해지게 만든다는 것입니다. … 우리의 영과 혼에 영향을 미치기 위하여 그리스도의 자극은 또한 잠든 사이의 인간의 혼을 관통해야 합니다. 그럼에도 어떤 것들은 오직 우리가 의식적으로 골고다의 기적의 중요성을 인정해야만 가능합니다. 골고다의 기적이 갖는 영적 영향력은 오직 그것의 의미에 대한 자각(awareness of its meaning)으로부터 나아갈 수 있는 것입니다.

따라서 인류는 두 가지를 깨달아야만 하는데, 한편으로 그리스도는 에테르체의 태양을 향한 끊임없는 충동을 억제하지만, 그러나 다른 한편으로 우리의 영과 혼의 본성, 자아와 아스트랄체[9]는 그리스도의 자극을 오직 잠들었을 때와 깨어 있을 때의 사이 기간에 받을 수 있다는 것입니다. 그리고 어떤 것은 이 자극에 대한 지식을 오직 깨어 있는 삶에서 의식적으로 익힐 때에만 가능합니다.

그러면 승천을 다시 한 번 떠올려 봅시다. 제자들은 인간 에테르체의 태양을 향하여 흘러나오는 흐름에 대해 통찰력 있는 시각을 지니면서도 그리스도가 어떻게 그 자신을 이런 충동과 결합시키는지, 그리고 그것을 억누르고 구속하는지 인식합니다. 그 강력한 승천의 영상은 그리스도에 의한 인간의 육체적 및 에테르적 본성의 구출인 것입니다.

제자들은 깊은 명상에서 물러나는데, 왜냐하면 그들의 일깨워진 혼 내에서는 골고다의 기적을 통한 인류의 육체적 · 에테르적 본성으로서의 지식이 전체적으로 보존되기 때문입니다. 하지만 그들은 다음과 같은 것들을 알고 싶어합니다.

"영과 혼에게 무슨 일이 일어나는가?"

"인간은 그들의 영과 혼 안으로, 그리고 자아와 아스트랄체 안으로 그리스도의 자극을 받아들이기 위한 힘을 어디에서 얻는가?"

그 답은 성령 강림절의 잔치에서 발견됩니다.

골고다의 기적을 통하여 그리스도의 자극은 오직 영적 인식에 의해 지각되고 이해될 수 있는 진실로서 지구에 영향을 미쳤습니다. 유물론적인 지식과 과학은 그것에 다가갈 수 없으며, 그래서 골고다에서 어떻게 그리스도의 자극이 지구의 자극들과 결합되었는지 이해하기 위하여 혼은 영적인 인식, 영적인 지각, 영적인 느낌의 힘을 얻어야만 합니다.

이 목적을 위하여 승천의 사건 10일 이후 예수 그리스도는 인간에게 내면의 혼-영적 본성 및 자아와 아스트랄체에 그리스도의 자극이 스며들게 하는 가능성을 베푸는 방법으로 골고다에서의 행동을 완수하였습니다. 골고다의 기적을 이해하기 위한 힘의 인간의 영과 혼에 대한 침투, 그리고 성령의 베풂이 곧 성령 강림절 잔치와 오순절의 영상입니다. 그리스도는 모든 인류를 위하여 그의 행동을 수행합니다만, 그는 이 행동을 이해하는 각각의 개별적 인간에게 영을 보내는 것입니다. 그리스도는 모든 인류를 위하여 수행되어져야 할 것들에 접근하는 각각의 개별적 영과 혼을 주었습니다. 그 영을 통하여 우리는 그리스도의 신비를 내면적으로, 영과 혼 안에서 경험하는 것을 배워야만 하는 것입니다.

따라서 이 두 영상들은 인류의 진화에서 나란히 서 있는 것입니다. 우선 승천의 영상은, 골고다에서의 행동은 육체적 몸과 에테르체를 위하여 우주적인 인간의 감각으로 수행되었다고 우리에게 말해줍니다. 반면에 성령 강림절의 영상은, 각각의 개인적 인간은 성령을 받음으로써 개개인 그 자신 안에 골고다에서의 행동이 열매를 맺게끔 만들어야만 한다고 우리에게 말해줍니다. 그것에 의해서 그리스도의 자극은 각각의 인간 내에서 개별화되는 것입니다.

그리고 지금 우리는 다른 어떤 것을 승천의 영상에 더할 수 있습니다. 승천의 날에 제자들에게 온 것과 같은 영적 시각은 의식의 특수한 상황 속에서 우리가 경험할 수 있는 것과 항상 관련이 있습니다. 여러분들이 이미 알고 있는 것처럼 죽은 이후에 에테르체는 인간을 떠나갑니다. 우리는 누군가 사망하면 육체적 몸을 치워두는데, 에테르체는 며칠 동안 존속되다가 그후에 해체되어 실제적으로 태양과 결합합니다. 죽음 이후에 이런 분리 속에서 우리는 지구를 포함하여 우주의 영역들을 관통하면서 흐르는 태양의 힘들과 결합합니다. 골고다의 기적 이래로 우리는 이 분리되는 에테르체와 미래에 지구의 존재를 위하여 에테르체를 구하는 그리스도의 모습들을 모두 볼 수 있습니다. 또한 골고다의 기적 이래로 죽음을 통과하는 모든 인간의 혼 앞에 그리스도의 제자들이 그들의 특별한 혼 상태 내에서 볼 수 있었던 그날, 즉 그 승천의 영상이 위치하고 있습니다.

그러나 또한 자신이라는 존재에 성령 강림절의 신비를 스며들게 한 이들에게 있어, 또 성령이 가까이 다가오는 것을 허용하는 이들에게 있어 사후의 이 영상은 그들이 가능한 경험할 수 있는 매우 큰 위안의 근원이 되는데, 왜냐하면 그들은 지금 완전한 진리와 사실로서 골고다의 기적을 보고 있기 때문입니다. 이 승천의 영상은 그들에게 말합니다.

> "당신은 확신을 갖고 모든 당신의 차후의 구체화(incarnation)를 지구의 진화에 맡길 수 있는데, 왜냐하면 그리스도는 골고다의 기적을 통하여 이 진화의 구세주(Savior, Saviour)가 되기 때문이다."

자아와 아스트랄체가 골고다의 기적의 본질을 꿰뚫지 못하는 이들에게 있어서는 이 영상이 그것을 충분히 이해하는 과정에서 어떤 충고가 될 것입니다. 죽음 이후의 이 영상은 그들의 지구에서의 다음 삶을 위하여 골고다의 기적을 이해하고 꿰뚫을 수 있게 해주는 힘들을 배우라고 역설합니다. 처음에는 이 승천의 영상은 일종의 충고로서 그곳에 위치하고 있는 것이 오직 자연스러운데, 그것은 차후 지구의 삶에서 인간이 습득하려고 강조해 왔던 그 힘들을 기원하기 위해 노력할 수 있기 때문이며, 따라서 골고다의 기적의 중요성을 이해하기 위하여 시작해야 하는 것입니다 … .

이것은 여러분에게 혼의 분위기와 같은 어떤 것을 전달할 것인데, 그것으로 인해 그리스도의 승천과 성령 강림절의 잔치들에 대한 진실한 느낌이 나타날 수 있을 것입니다. 혼 앞에서 그런 잔치들이 일으키는 영상들은 살아 있는 존재들과 같습니다. 우리들은 그것들의 진실성을 절대 다 밝힐 수는 없지만 그것들 속에서 늘 보다 더 발견할 수 있을 것입니다 … .

# 2 고통의 열린 문

WHITSUN
and Ascension
an Introductory Reader

## 예수의 죽음

「마태복음」 27장 45절-56절

**45**. 제육시로부터 온 땅에 어두움이 임하여 제구시까지 계속하더니

**46**. 제구시 즈음에 예수께서 크게 소리 질러 가라사대 엘리 엘리 라마 사박다니 하시니 이는 곧 나의 하나님, 나의 하나님, 어찌하여 나를 버리셨나이까 하는 뜻이라

**47**. 거기 섰던 자 중 어떤 이들이 듣고 가로되 이 사람이 엘리야를 부른다 하고

**48**. 그 중에 한 사람이 곧 달려가서 해융을 가지고 신 포도주를 머금게 하여 갈대에 꿰어 마시우거늘

**49**. 그 남은 사람들이 가로되 가만 두어라 엘리야가 와서 저를 구원하나 보자 하더라

**50**. 예수께서 다시 크게 소리 지르시고 영혼이 떠나시다

**51**. 이에 성소 휘장이 위로부터 아래까지 찢어져 둘이 되고 땅이 진동하며 바위가 터지고

**52**. 무덤들이 열리며 자던 성도의 몸이 많이 일어나되

**53**. 예수의 부활 후에 저희가 무덤에서 나와서 거룩한 성에 들어가 많은 사람에게 보이니라

**54**. 백부장과 및 함께 예수를 지키던 자들이 지진과 그 되는 일들을 보고 심히 두려워하여 가로되 이는 진실로 하나님의 아들이었도다 하

더라

**55**. 예수를 섬기며 갈릴리에서부터 좇아온 많은 여자가 거기 있어 멀리서 바라보고 있으니

**56**. 그 중에 막달라 마리아와 또 야고보와 요셉의 어머니 마리아와 또 세베대의 아들들의 어머니도 있더라

# 진리를 제외한 **의식이란 없다***

'베를린' 에서 1916년 6월 6일에 행해진 강연 중 발췌

이 글에서 슈타이너는 잔치 의식에서조차도 지구의 고통으로부터 우리 스스로를 분리시키는 것에 대해서 경계한다. 성령 강림절과 같은 큰 잔치는 가혹한 삶의 현실로부터 우리를 보호해 주기보다는 인간의 모든 삶의 요소를 포함하는 것이다. 이 잔치를 통해 우리 인간들은 새롭고 유물론을 넘어서는 사유방식을 계발함으로써 자신을 세상과 연결시킬 수 있게 된다.

인류는 운명적인 고된 체험을 통과하고 있는 중인데, 그런 때 의기가 앙양(uplift, 昂揚)되고 가슴이 따뜻한 느낌들을 요구하는 것이 항상 가능한 것은 아닙니다. 만약 우리의 느낌들이 선하고 진실이라면 우리는 한 순간이라도 절대 우리 시대의 고통스러움을 잊을 수 없으며, 그리고 그런 감각 속에 있으면서도 그 고통을 잊기 원한다거나 우리 스스로를 혼을 따뜻하게 하고 의기를 앙양시키는 사고들에 맡기길 원한다는 것은 사실 이기적인 것입니다. … 우리의 최근 연구들은 오늘날 발생하는 고통들에 대한 많은 이유들이 유행하는 태도들과 사고의 방법

* 베를린, 1916년 6월 6일, 『잔치들과 그 의미』, 루돌프 슈타이너 출판부, 2002.

들에 있으며, 그래서 인류가 더 나은 시간들로 진보해 나갈 수 있기 위해서 인간 혼의 발달에 도움을 주는 것이 참으로 절박하다는 것을 매우 명백하게 보여주고 있습니다….

영을 찾는 이들에게 이 성령 강림절 잔치는 특별히 심오한 의미와 내용을 지니며, 영적 탐색의 지속적인 갱신을 요구합니다.

우리 시대에 그런 잔치와 관련된 생각들이 다른 시대들의 그것보다 더 깊이 들어가야 함은 필수적인 것입니다. 우리가 어떻게 이 시대의 괴로운 사건들로부터 빠져나오느냐 하는 것은 사람들이 이런 잔치와 관련된 생각들을 경험할 수 있도록 하는 것에 전적으로 달려 있습니다. 사람들은 내적인 노력을 통하여 스스로 안에서 찾은 그들 자신만의 방법으로 해야만 지금의 대실패적 상태에서 빠져나올 수 있다는 것을 이미 깨닫기 시작하고 있습니다. 그리고 영적 과학을 하려는 이들은 유물론 극복의 그 필요성을 보다 더 강렬하게 느껴야만 합니다. 유물론을 넘어서는 이 승리는 다만, 만일 우리가 영의 세상에 불을 붙여 우리 내부의 생생한 활력으로 향하는 의지를 갖는다면, 그리고 마음에서 순수하게 진심으로 성령 강림절 잔치를 찬양하려는 의지를 갖는다면 가능할 것입니다.

## 부활

「누가복음」 24장 1절-12절

1. 안식 후 첫날 새벽에 이 여자들이 그 예비한 향품을 가지고 무덤에 가서

2. 돌이 무덤에서 굴려 옮기운 것을 보고

3. 들어가니 주 예수의 시체가 뵈지 아니하더라

4. 이를 인하여 근심할 때에 문득 찬란한 옷을 입은 두 사람이 곁에 섰는지라

5. 여자들이 두려워 얼굴을 땅에 대니 두 사람이 이르되 어찌하여 산 자를 죽은 자 가운데서 찾느냐

6. 여기 계시지 않고 살아나셨느니라 갈릴리에 계실 때에 너희에게 어떻게 말씀하신 것을 기억하라

7. 이르시기를 인자(Son of Man)가 죄인의 손에 넘기워 십자가에 못 박히고 제삼일에 다시 살아나야 하리라 하셨느니라 한대

8. 저희가 예수의 말씀을 기억하고

9. 무덤에서 돌아가 이 모든 것을 열한 사도와 모든 다른 이에게 고하니

10. (이 여자들은 막달라 마리아와 요안나와 야고보의 모친 마리아와 또 저희와 함께 한 다른 여자들도 이것을 사도들에게 고하니라)

11. 사도들이 저희 말이 허탄한 듯이 뵈어 믿지 아니하나

12. 베드로는 일어나 무덤에 달려가서 구부려 들여다 보니 세마포만 보
이는지라 그 된 일을 기이하게 여기며 집으로 돌아가니라

## 제자들에게 나타남

「요한복음」 20장 19절-23절

19. 이날 곧 안식 후 첫날 저녁 때에 제자들이 유대인들을 두려워하여 모
인 곳에 문들을 닫았더니 예수께서 오사 가운데 서서 가라사대 너희
에게 평강이 있을찌어다
20. 이 말씀을 하시고 손과 옆구리를 보이시니 제자들이 주를 보고 기뻐
하더라
21. 예수께서 또 가라사대 너희에게 평강이 있을찌어다 아버지께서 나를
보내신 것 같이 나도 너희를 보내노라
22. 이 말씀을 하시고 저희를 향하사 숨을 내쉬며 가라사대 성령을 받으
라
23. 너희가 누구의 죄든지 사하면 사하여질 것이요 누구의 죄든지 그대로
두면 그대로 있으리라 하시니라

# 프로메테우스의 투쟁*

'베를린' 에서 1904년 5월 23일 월요일 성령 강림절에 행해진 강연 중 발췌

그리스 신화에서 신들로부터 불을 훔쳐와 인류에게 주었으며 이것 때문에 제우스(Zeus)가 주는 끝없는 고통들을 받았던 프로메테우스(Prometheus)라는 인물은 육체적 속박으로부터의 해방에 대한 인간의 투쟁의 화신(embodiment, 化身)이다. 영적 불의 혀들이 성령 강림절에 하강할 수 있기 이전에 우리는 고통, 상실, 외로움 속에서 싸워야만 한다.

프로메테우스(역자 주 : 그리스 신화에서 제우스가 감추어 둔 불을 훔쳐 인간에게 내어준 인물로서, 인간에게 맨 처음 문명을 가르친 장본인으로 의미부여 되었다. 제우스로부터 낮에는 독수리에게 간을 쪼이고 밤에는 그 간이 회복되는 영원한 고통에 처해지는데, 헤라클레스에 의해 독수리가 사살됨으로써 고통에서 해방되었다.)라는 인물을 통해서 그리스 신화는 자유를 인간의 문화를 위한 투쟁으로 상징화하였습니다. 그는 고통받는 인류의 대표자이면서 동시에 자유를 증여(贈與)한 인물이기도 합니다. 한편, 프로메테우스에게 자유를 준 헤라클레스(Heracles, 역자 주 : 제우스와 알크메네의 자식이며 그리스 신화에서 가장 힘이 센 영웅으로서 12고역의 신화로서

* 베를린, 1904년 5월 23일, 『성전 전설』, 루돌프 슈타이너 출판부, 2002.

「프로메테우스」
요르단스(1593-1678) 작

잘 알려져 있다.)는 엘레우시스 신비 의식(eleusinian mystery, 역자 주 : 그리스 지역에서 가장 오래 지속된 종교 제의로서 농경기술과 관련된 신비 의식인데, 헤라클레스가 12 고역 중 하나인 지하 세계, 즉 하데스 세계의 케르베로스를 데리러 가기 위하여 이 엘레우시스 신비 의식에 입문하면서 죽음 이후의 세계로 안전하게 건너갈 수 있었다고 한다.)에서 입문을 경험했다고 알려져 있습니다. 하계(underworld, 下界)로 내려간 누구든지 그는 입회자인데, 왜냐하면 이 내려감은 기술적 용어로서, 즉 입회를 나타내는 것이기 때문입니다. 그러한 하계로의 여행들은 그 시대들의 인간들을 태초 지혜의 근원 및 영적 삶으로 인도하길 원했던 헤라클레스와 오디세우스(Odysseus, 역자 주 : 호메로스의 『오딧세이아』의 주인공으로서 트로이 전쟁 및 여러 모험을 경험한 영웅으로 그려진다.) 및 모든 입회자들 덕분입니다.

우리의 현대 유물론적인 문화는 인간들이 그들의 순수한 육체적 · 생리적 본성에 얼마만큼 묻혀져 있는지 보여줍니다. 그러나 욕망의 상징이자 우리의 간을 갉아먹길 갈망하는 독수리가 영을 찾는 이들에게 밀어젖혀질 것도 똑같이 확실한 것입니다 … .

인간은 본래 그의 저급한 기관을 통해서, 또 그의 욕구

「헤라클레스」
레니(1575–1642) 작

들에 물들어진 인식들을 통해서 살고 있습니다. 이것이 그런 것은 너무나 당연한데, 왜냐하면 오직 이런 인식이 그에게 자유에 이른다는 진정한 목표에 대한 자각을 줄 수 있기 때문입니다. 그러나 그는 그곳에 남아 있어서는 안 되며, 그의 자아를 영의 본성을 향해 들어올려야 하고 치유의 영, 다시 말해 성령이 되기 위해 자아를 탄생으로 이끌어야 합니다….

인류의 최상의 목표는 성령 강림절의 잔치 안에서 상징적으로 표현되었습니다. 인류는 단지 지적인 것에서부터 진정한 영의 삶으로 다시 한 번 전진해야만 합니다. 그러면 프로메테우스가 헤라클레스에 의해 자신의 고통으로부터 자유를 얻은 것과 같이 인류는 그 영의 힘에 의해 해방될 것입니다. 물질로 내려감에 의해 우리는 자기 자각의 인식에 이르렀습니다. 그리고 다시 올라감에 의해 우리는 자기 자의식의 영이 될 것입니다….

## 예수의 승천

「사도행전」 1장 6절-11절 :

**6**. 저희가 모였을 때에 예수께 묻자와 가로되 주께서 이스라엘 나라를 회복하심이 이때이니까 하니

**7**. 가라사대 때와 기한은 아버지께서 자기의 권한에 두셨으니 너희의 알 바 아니요

**8**. 오직 성령이 너희에게 임하시면 너희가 권능을 받고 예루살렘과 온 유대와 사마리아와 땅 끝까지 이러 내 증인이 되리라 하시니라

**9**. 이 말씀을 마치시고 저희 보는 데서 올리워가시니 구름이 저를 가리워 보이지 않게 하더라

**10**. 올라가실 때에 제자들이 자세히 하늘을 쳐다보고 있는데 흰 옷 입은 두 사람이 저희 곁에 서서

**11**. 가로되 갈릴리 사람들아 어찌하여 서서 하늘을 쳐다보느냐 너희 가운데서 하늘로 올리우신 이 예수는 하늘로 가심이 본 그대로 오시리라 하였느니라

# **오직 상실을 통한 얻음 :** 모든 지식은 고통으로부터 태어난다*

'크리스티아니아(현재 노르웨이 수도 오슬로(Oslo))' 에서
1923년 5월 17일에 행해진 강연 중 발췌

여전히 그 영상의 또 다른 실을 뽑아내는 슈타이너는 이 글에서 예수의 승천부터 성령 강림절에 이르는 기간 동안의 불안에 초점을 맞춘다. 선물로 받은 그 영적 시각의 능력을 잃으면서 제자들은 슬픔과 외로움의 캄캄한 밤을 지낸다. 감화와 자극의 방향이 외부의 유입으로부터 내부로부터의 발산으로 거꾸로 되었다는 것이 이런 고통의 유일한 까닭이다. 그들의 슬픔은 혼을 부드럽게 하고, 또 인류가 그렇게 오랫동안 분리해 왔던 성령으로의 접속의 불꽃을 점화하는, 스스로의 감화된 행동을 담기 위한 내적인 그릇(容器)이 되게 한다.

우리는 우리의 정신을 인간의 인식이 오늘날의 그것과는 다르게 전체였던 초기 시대로 회고해야만 합니다. 삼천 년 혹은 사천 년 전, 인간들은 지구상의 육체적 몸으로 내려오기 이전에 그들이 영의 세계 속에 살고 있었다는 것을 본능적으로 깨닫고 있었습니다. 그 시대에는 모든 개인들이 자신의 내부가

* 크리스티아니아(현재 오슬로) 노르웨이 수도 Oslo, 1923년 5월 17일, 『잔치들과 그 의미』, 루돌프 슈타이너 출판부, 2002.

성스런 힘에 의해 지구로 하강한 혼의 존재이자 영의 존재라는 점을 알고 있었습니다. 죽음에 대한 인간 인식 또한 달랐습니다. 그 시대의 인간들은 자신들의 전 지구적인(pre-earthly, 前地球的) 혼-영적 존재로서의 특징을 기억할 수 있었으며, 그리고 이 지구의 삶 이전에 살았던 자신들의 부분이 또한 죽음을 넘어서도 살고 있다는 점을 알고 있었습니다.

그 시대에는 배우는 학교이자 동시에 그들이 신비라고 불렀던 생(生) 이전의 삶에 관한 지식을 가르침받았던 종교적 시설들이 있었습니다. 그런 가르침들에 의해 그들은 지구에서 당시 그들이 식물과 동물, 산과 강 사이에서 살았던 것과 마찬가지로, 자신들이 별과 영의 존재들 사이에서 살았었던 지구에서의 존재 이전의 상태를 깨닫게 되었습니다 ….

그 신비들은 사람들에게 그들이 지구로 내려오기 전에 숭고한 태양의 존재가 그들이 사후에 올바른 길을 통하여 영적 세계, 별들의 세계로 돌아올 수 있는 힘을 주었다고 가르쳤습니다. … 찬송가들과 기도의 경험들은 인간의 감정과 혼의 삶에 특히 강한 영향력을 지니는 태양을 가리켰습니다. 사람들은 태양에 대한 예배에 참석했을 때 성스러운 우주와 통합된 그들 자신을 느꼈습니다 ….

성직자들이 예배자들에게 이야기했던 그 숭고한 태양의 영은 뒤에 그리스도라고 불릴 바로 그와 같은 존재라는 것은 이런 신비들을 전수하는 성직자들에게 알려져 있었습니다.

그러나 골고다의 기적 이전에 성직자들은 다음과 같이 말해야만 했었습니다.

> "만일 여러분이 그리스도의 어떤 것에 대해 알기를 원한다면 당신은 지구에서는 찾을 수 없을 것입니다. 여러분은 태양의 비밀들을 찾기 위하여 스스로를 끌어올려야만 하는데, 왜냐하면 오직 외부로, 그리고 지구를 넘어서는 것을 통해 여러분은 그리스도의 기적들을 이해할 것이기 때문입니다."

그 시대에 사람들은 그런 가르침을 받아들이는 것이 상대적으로 쉬웠는데, 왜냐하면 그들이 지구로 내려왔다는 그리스도의 왕국에 대한 본능적인 기억을 가지고 있었기 때문입니다. 그러나 인간 본성은 진화과정 속에 포함되어 있고, 전 지구적이고 영적인 삶에 대한 이런 본능적인 회상은 점차적으로 잃어갔습니다. 골고다의 기적이 일어나기 800년 전에는 전 지구적인 삶에 대한 본능적인 어떤 기억이 내부에 여전히 살아 있는 사람은 거의 없었습니다. … 마치 지구의 사람들은 그리스도의 힘에 의해 완전히 버려진 것처럼 그들 내부의 영적 세상들에 대한 어떤 기억이라도 더 이상 그들의 삶에 불을 지필 수가 없었습니다.

그 이후에 처음으로 죽음에 대한 두려움이라 불릴 수 있는 것이 인류를 가리게 되었습니다. 이전 시대의 사람들은 육체적 몸이 죽는 것을 볼 때, 그들은 저 혼들은 그리스도의 왕국에 속해 있으며 죽지 않는다는 것을 알고 있었습니다. 그러나 이제 사람들은 그들 내부의 죽지 않는 운명, 영구한 존재에 대해 매우 걱정하게 되었습니다. 마치 그들 자신과 그리스도 사이의 고리가 절단된 것처럼 말입니다. 이것은 그들이 더 이상 영의 세계를 향하여 올려다 볼 수 없게 되었기 때문이며, 그리고 지구에서 그리스도의 왕국이 그 어디에서도 발견되지 않기 때문입니다.

인간이 더 이상 그리스도를 발견할 수 없게 되었을 바로 그때, 인류가 그를 지구에서 찾을 수 있도록 영의 왕국에 속하는 태양의 저편에서 무한한 은총과 자비를 드러내는 그리스도가 내려옵니다. 우주의 진화 속에서 그 당시에 발생한 일들은 인간 지식의 범위 내에서 그 어떤 것과도 비교할 수 없습니다. … 인간이 더 이상 그에게 도달할 수 없었기 때문에 그리스도는 지구의 그들에게로 내려왔습니다. 이것을 하기 위하여 그가 성스런 힘을 가지고 있을 때는 일찍이 경험하지 못했던 것, 즉 탄생과 죽음을 견뎌야만 하는 것은 필수였습니다. 그리스도는 나자렛 예수라는 인간의 혼이 되었고, 탄생과 죽음을 통과했습니다 … .

인지학적[10] 지식의 도움을 받아 상상을 통하여 우리는 예수가 그리스도 팔레스타인 안으로 들어가서 그의 지구에서의 운명을 겪을 때의 시간을 스스로 생각나게 할 수 있습니다.

우리는 주거지가 한때 태양이었던 존재, 즉 예수 그리스도가 지구로 내려왔으며 사람들 사이에서 살고 있다고 직관적으로 깨달았던 제자들과 사도들(apostles, 역자 주 : 제자는 가르침을 받는 사람의 의미를 지니는데, 사도는 신이 보낸 사람이라는 의미를 지닌다. 예수의 12사도는 베드로, 안드레, 세베대의 아들 야고보, 요한, 빌립, 바돌로매, 도마, 마태, 알패오의 아들 야고보, 대대오, 시몬, 유다를 말한다.)의 가슴을 들여다 볼 수 있습니다 … . 그런 까닭에 이 제자들은 스스로에게 다음과 같이 말했던 것입니다.

> "나자렛 예수의 눈에서 나오는 그 태양의 빛은 우리를 향해 발하는 것입니다. 그가 말하는 단어들은 따뜻함을 주는 태양의 힘의 흐름입니다. 나자렛 예수가 우리들 사이로 움직일 때, 이것은 태양 그 자체가 그것의 빛과 힘을 세상을 향해 주고 있는 것과 같습니다."

이것을 이해할 수 있었던 이들은 이렇게 말했습니다.

> "인간의 형상을 취해 우리들 사이에서 움직이시는 분은 일찍이 사람들이 오직 그들의 시선을 들어 지구에서 영의 세계로 향함에 의해서만 도달할 수 있었던 태양의 존재입니다."

그리고 제자들과 사도들은 이것을 알았기 때문에 그리

스도의 죽음을 향한 그들의 태도 역시 진실하고 선하였습니다. 그래서 그들은 심지어 그리스도 예수가 지구에서 죽음을 겪은 이후에도 그의 제자들로서 남아 있을 수 있었습니다.

영의 과학은 그리스도가 나자렛 예수의 몸으로부터 분리되었던 때에도 그는 영적인 상태에서 제자들 사이를 이동했고, 제자들을 계속하여 가르쳤다는 것을 알 수 있게 해줍니다. 사도들과 제자들은 그리스도가 그들에게 이 영의 몸으로 등장했을 때에도 그들이 그리스도의 가르침을 계속 받을 수 있게 하는 힘을 받았습니다. 그러나 이 힘은 특정한 시간 이후에 그들로부터 사라졌습니다. 제자들의 삶에서 그들이 스스로에게 다음과 같이 말했을 때의 시점이 왔습니다.

> "우리는 그를 보아왔지만 우리는 지금 그를 더 이상 볼 수 없다. 그는 천상으로부터 지구의 우리들에게로 내려왔다. 그가 가버린 장소는 어디일까?"

제자들이 그리스도의 존재를 다시 잃어버렸다고 믿었던 때, 그 시점은 기독교의 승천의 잔치를 통하여 기념되었습니다. 이것은 나자렛 예수라는 인간으로서 지구를 걸어다녔던 숭고한 태양 존재가 그들의 시야에서 사라져 버렸다는 제자들의 확신의 기억인 것입니다. 이 상실에서 제자들은 지구상의 어떤 다른 슬픔과도 비교할 수 없는 슬픔으로 압도되었습니다 ··· .

모든 진실한 지식, 진정 위대하다고 불릴 수 있는 모든 지식은 고통으로부터, 내면의 진통으로부터 태어나는 것입니다. 인지학적인 영의 과학으로 설명하자면 사람들이 보다 고차적 세계들 내로 지식을 향한 길을 추구할 때, 그 목표는 오직 고통을 통과함으로 인해 도달할 수 있는 것입니다. 격렬한 고통 없이, 따라서 스스로의 고통의 압박으로부터 자유로워진 상태에서 영의 세계에 대한 지식을 얻을 수 있는 이는 없습니다.

승천 이후에 이어지는 10일 동안 그리스도의 제자들의 고통은 형용할 수 없었는데(beyond all telling), 왜냐하면 그리스도가 그들의 시야로부터 사라져 버렸기 때문입니다. 그런데 이런 고통과 끝없는 슬픔으로부터 벗어나 우리가 성령 강림절의 신비라고 부르는 것이 일어났습니다. 외부를 향하는 통찰력 있는 시각이 직관적으로 그리스도를 상실함으로써 제자들은 그들의 가장 깊은 곳에서 감정들과 내면의 경험을 다시 찾을 수 있었습니다. 슬픔과 고통을 통하여 그것을 다시 찾은 것입니다.

그리스도의 제자들은 그들의 사색을 모두 그들의 기억이 보존하고 있었던 골고다의 사건으로 향하게 하였습니다. 그리고 이 기억과 이것이 불러일으키는 고통으로부터 더 이상 직관적 통찰의 능력을 소유하지 못했기 때문에 인류가 잃어버렸던 것으로서의 하나의 시각이 그들의 혼에 나타났습니다. 나이 든 사람들은 다음과 같이 말했습니다.

"우리가 지구에 태어나기 전에 우리들은 그리스도와 함께 살았습니다. 그리스도로부터 우리는 불멸로 이끄는 힘을 가질 수 있었습니다."

그리고 지금 10일이 지나서 그들은 그리스도의 육체적인 상(像)을 잃어버리고 다음과 같이 말했습니다.

"우리는 골고다의 기적을 보았고, 이것은 우리에게 우리 안의 불멸의 존재의 실재성을 다시 느낄 수 있는 힘을 줍니다."

이것이 성령 강림절의 불의 혀에 의해 상징적으로 표현되었습니다. 따라서 영적 과학은 성령 강림절의 비밀을 밝혀줍니다. 골고다의 기적은 고대 신비들의 태양 신화를 대신하게 되었던 것입니다⋯.

만약 우리가 진실로 기독교 정신을 이해한다면 그 태양이 모든 인류 위에서 빛나고 있다는 것을 알고 있을 것입니다. 그것은 테베(Thebes), 올림피아(Olympia), 그리고 메카(Mecca) 위에서도 빛난답니다. 물리적으로 태양은 모든 장소에서 같은 방식으로 보일 수 있습니다. 그래서 또한 그 숭고한 태양 존재, 그리스도는 영적으로 모든 곳에서 숭배될 수 있는 것입니다. 인지학은 골고다의 기적 이전에는 오직 직관에 의해 도달될 수 있었던 존재를, 그때 이후에는 초감각적인 능력이 지구 그 자체에서 얻은 지식의 힘을 통해서도 도달할 수 있다는 것을 보여줍니다….

사람들은 거주하는 장소가 태양인 그 존재가 지구에서도 발견되며, … 그리고 그 존재는 지구라는 천구(天球) 내 인간들 사이에서 거주하고 있다는 것을 다시 이해할 수 있게 되었습니다. … 그들은 지속적으로 제자들이 성령 강림절의 신비에서 경험했던 것을 재경험(re-experience, 再經驗)할 수 있을 것입니다. 그리스도는 지구로 내려왔고, 불멸성을 보장하는 힘은 우리의 가슴 속에서 나타나기 시작한 것입니다….

그러나 이것은 영의 과학을 통하여 우리가 반드시 물질적인 자연의 모든 것 안에서 영의 실재성을 인지하는 방법을 다시 배워야만 한다는 것을 의미합니다. 영의 실재성은 돌, 식물, 동물, 인간의 기초가 되고 영의 실재성은 구름, 별, 태양의 기초가 됩니다. 우리가 물질적인 것을 꿰뚫고 모든 것들의 안에서 그 영의 역동적인 실재성을 다시 한 번 찾는다면 우리는 또한 우리의 혼을, 만약 우리가 그를 듣고자 의지한다면 우리에게 말해줄 그리스도의 목소리로 개방할 수 있을 것입니다….

이것이 인지학이 인류에게 끊임없는 성령 강림절의 신비로서 가져다 주고자 원하는 것입니다. 그리고 인지학에 의해 준비되고 사람이 영적 세계를 다시 찾고자 하는 각오가 되었을 때, 그들은 전체적으로 우리 시대의 요구에 적합한 방법 속에서 항상 존재하는(ever-present) 실재성으로서의 그리스도를 찾을 것입니다. 우리의 시대에 만약 사람들이 영적 지식으로 향하지 않는다면 우리는 그리스도를 잃을 것입니다. 지금까지 기독교도들은 지식에 의존하지 않았습니다. 그리스도는 모든 인간들을 위해 죽었습니다. 그는 그들을 부정하지 않았습니다. 그러나 만일 우리 시대의 사람들이 그리스도에 대한 지식을 거부한다면 그들은 그를 부정하는 것입니다….

오늘날 사람들은 단지 사어(死語)가 아닌, 실제적으로 그들을 살아 있는 그리스도가 머무르는 빛으로 이끌 지식으로의 전환점을 필요로 합니다. 그는 단지 지구에서 여러 세기 전에 거주했던 역사적 인물이 아니며, 한때 그들의 신이었던 그는 그들의 성스런 형제가 되었기 때문에 지금도 살고 있고 모든 미래에도 인간들 사이에서 살아갈 그리스도인 것입니다….

# 3

## 전체 내의 하나를 위하여 모든 하나는 고독을 향한다

WHITSUN
and Ascension
an Introductory Reader

# 성령의 강림

「사도행전」 2장 1절-13절

**1**. 오순절이 이미 이르매 저희가 다 같이 한 곳에 모였더니

**2**. 홀연히 하늘로부터 급하고 강한 바람 같은 소리가 있어 저희 앉은 온 집에 가득하며

**3**. 불의 혀 같이 갈라지는 것이 저희에게 보여 각 사람 위에 임하여 있더니

**4**. 저희가 다 성령의 충만함을 받고 성령이 말하게 하심을 따라 다른 방언으로 말하기를 시작하니라

**5**. 그 때에 경건한 유대인이 천하 각국으로부터 와서 예루살렘에 거주하더니

**6**. 이 소리가 나매 큰 무리가 모여 각각 자기의 방언으로 제자들의 말하는 것을 듣고 소동하여

**7**. 다 놀라 기이히 여겨 이르되 보라 이 말하는 사람이 다 갈릴리 사람이 아니냐

**8**. 우리가 우리 각 사람의 난 곳 방언으로 듣게 되는 것이 어찜이뇨

**9**. 우리는 바대 인과 메대 인과 엘림 인과 또 메소보다미아, 유대와 가바도기아, 본도와 아시아,

**10**. 브루기아와 밤빌리아, 애굽과 및 구레네에 가까운 리비야 여러 지방에 사는 사람들과 로마로부터 온 나그네 곧 유대인과 유대교에 들어

온 사람들과
**11**. 그레데 인과 아라비아 인들이라 우리가 다 우리의 각 방언으로 하나
님의 큰 일을 말함을 듣는도다 하고
**12**. 다 놀라며 의혹하여 서로 가로되 이 어쩐 일이냐 하며
**13**. 또 어떤 이들은 조롱하여 가로되 저희가 새 술이 취하였다 하더라

## 홍수가 땅을 뒤덮음

「창세기」 7장 1절-24절

**1**. 여호와께서 노아에게 이르시되 너와 네 온 집은 방주로 들어가라 네가
이 세대에 내 앞에서 의로움을 내가 보았노라
**2**. 너는 모든 정결한 짐승은 암수 일곱씩, 부정한 것은 암수 둘씩을 네게
로 취하며
**3**. 공중의 새도 암수 일곱씩을 취하여 그 씨를 온 지면에 유전케 하라
**4**. 지금부터 칠 일이면 내가 사십 주야를 땅에 비를 내려 나의 시은 모든
생물을 지면에서 쓸어버리라
**5**. 노아가 여호와께서 자기에게 명하신 대로 다 준행하였더라
**6**. 홍수가 땅에 있을 때에 노아가 육백 세라
**7**. 노아가 아들들과 아내와 자부들과 함께 홍수를 피하여 방주에 들어갔
고
**8**. 정결한 짐승과 부정한 짐승과 새와 땅에 기는 모든 것이
**9**. 하나님이 노아에게 명하신 대로 암수 둘씩 노아에게 와서 방주로 들어

갔더니
10. 칠 일 후에 홍수가 땅에 덮이니
11. 노아 육백 세 되던 해 이월 곧 그 달 십칠이라 그날에 큰 깊음의 샘들이 터지며 하늘의 창들이 열려
12. 사십 주야를 비가 땅에 쏟아졌더라
13. 곧 그날에 노아와 그의 아들 셈, 함, 야벳과 노아의 처와 세 자부가 다 방주로 들어갔고
14. 그들과 모든 들짐승이 그 종류대로, 모든 육축이 그 종류대로, 땅에 기는 모든 것이 그 종류대로, 모든 새 곧 각양의 새가 그 종류대로
15. 무릇 기식이 있는 육체가 둘씩 노아에게 나아가 방주로 들어갔으니
16. 들어간 것들은 모든 것의 암수라 하나님이 그에게 명하신 대로 들어가매 여호와께서 그를 닫아 넣으시니라
17. 홍수가 땅에 사십 일을 있었는지라 물이 많아져 방주가 땅에서 떠올랐고
18. 물이 더 많아져 땅에 창일하매 방주가 물 위에 떠다녔으며
19. 물이 땅에 더욱 창일하매 천하에 높은 산이 다 덮였더니
20. 물이 불어서 십오 규빗이 오르매 산들이 덮인지라
21. 땅 위에 움직이는 생물이 다 죽었으니 곧 새와 육축과 들짐승과 땅에 기는 모든 것과 모든 사람이라
22. 육지에 있어 코로 생물의 기식을 호흡하는 것은 다 죽었더라
23. 지면의 모든 생물을 쓸어버리시니 곧 사람과 짐승과 기는 것과 공중의 새까지라 이들은 땅에서 쓸어버림을 당하였으되 홀로 노아와 그와 함께 방주에 있던 자만 남았더라
24. 물이 이백 오십 일을 땅에 창일하였더라

# 의식하는 그릇(vessel, 容器)의 형성*

'퀼른'에서 1908년 6월 7일에 행해진 강연 중 발췌

슈타이너는 이 강연에서 사실상 동물들의 통합된 집단혼을 통하여 작동하는 생명의 힘들과 존재들로부터 분리되고 잠재적으로 고립된 인간영혼으로 향하여 '올라간다'(ascends). 그러나 이 '전진'(advance)은 동시에 물질로의 하강이자 살아 있는 영적 세계와의 접속의 상실이다. 승천과 성령 강림절 사이에 통찰력(vision)의 상실이 반영된 이 깊은 지점에서 우리는 슈타이너가 성령의 '고차적 집단혼'이라 부르는 것으로의 접근을 찾을 필요가 있으며, 그것은 우리를 향상된 영적 깨달음 속에서 다시 통일시킨다.

우리가 얻기 위하여 애쓰는 인류의 영적 발전은 우리를 전체적인 주위 세계와의 생생한 연결로 인도해야만 합니다. 우리의 조상들이 늘 외경심과 경이를 느꼈던, 우리를 에워싸고 있는 많은 것들이 지금은 많은 사람들에게 무감각하고 지루한 인상을 줍니다. 예를 들어 우리는 계절의 잔치들에 대하여 일반적으로 소원한 느낌이 있습니다. 특히 도시의 사람들은 대부분 크리스마스, 부활절 및 성령 강림절의 의의를 잊어버렸습니

* 퀼른, 1908년 6월 7일, 『잔치들과 그 의미』, 루돌프 슈타이너 출판부, 2002.

다. 사람들은 더 이상 예전처럼 잔치들의 위대한 내용에 접속되어 있음을 느끼지 못할 뿐만 아니라, 이 잔치들에 영의 세계의 그 거대한 실재성이 반영되어 있음을 볼 수 있을 만큼의 통찰력도 없습니다. 요즘 사람들은 크리스마스와 부활절, 그리고 특별히 성령 강림절까지도 차갑고 단조롭게 느낍니다. 그 영의 흘러넘침은 대부분 단지 추상적인 개념이 되었으며, 그것은 오직 사람들이 다시 한 번 진정으로 전체적인 세계에 대한 영적 지식을 발달시킬 때 진리와 삶을 회복할 수 있을 것입니다.

오늘날 자연의 힘들에 관하여 많은 것이 말해지고 있지만, 그러나 이런 힘들의 이면의 존재들에 대해서는 아주 적은 것이 말해지고 있습니다. 우리의 조상들은 땅의 정령(精靈, gnome), 물의 정령(undine), 공기의 정령(sylph), 그리고 불의 정령(salamander) 등에 대해서 말하였으나 오늘날 사람들은 이것을 단지 구식의(old-fashioned) 미신으로 생각합니다. 사람들이 붙들고 있는 이론들이 그 자체로는 큰 문제가 되는 것은 아니지만 그런 이론들이 그들로부터 확실한 실재성들을 가릴 때, 또 그들이 이론들을 실제적인 삶에 적용하게 될 때 이것이 더욱 심각한 영향을 지니게 되는 것입니다.

사람들이 땅 · 물 · 공기 · 불의 정령 및 모든 비상식과 같은 것에 대한 조상들의 믿음을 말할 때 어떤 이는 다음과 같이 대답하고픈 충동을 느낄 것입니다.

"잘 가시오. 그리고 벌들에게나 물어보시오."

만약 벌들이 말할 수 있었다면 우리에게 공기의 정령은 미신이 아니라고 말했을 것입니다. 벌들은 자신들이 공기의 정령들에게 은혜를 입고 있음을 아는 것입니다. 영의 눈을 뜬 사람이라면 누구든지 어떤 힘이 벌들을 꽃들을 향하여 유인하는 것을 발견할 수 있습니다. '자연적 본성'이란 말은 공허한 관용구(慣用句)입니다. 우리의 조상들이 공기의 정령이라고 불렀던 실제적 존재들은 벌들의 무리 안에서 활동하고 있으며, 이 벌들이 꿀을 찾을 수 있도록 꽃으로 이끄는 것입니다.

땅 속에서 바위와 금속, 광석의 맥(脈)이 만나는 지점, 봄에 이끼가 돌 위에 퍼져서 식물과 광물의 왕국이 접촉하는 지점, 또는 예를 들어 꿀벌이 꽃 안으로 들어가는 지점과 같은 식물과 동물이 만나는 지점, 그리고 또한 인간과 동물이 서로 만나는 지점과 같이 다양한 서로 다른 종류의 본질적인 존재들이 스스로를 드러내는, 자연의 다른 왕국들이 서로 접촉하게 되는 장소는 특별합니다. 그러나 맨 마지막의 경우, 그런 존재들이 예를 들어 도살업자가 소를 죽일 때나 누군가가 그 고기를 먹을 때와 같이 매일 일상의 평범한 만남들 속에서 나타나지는 않습니다. 오히려 그 존재들은 두 왕국이 생명력의 과잉 및 유출 속에서 만날 때 나타나는 것입니다. 특히 그것들은 어떤 이가 그의 사고력 및 감정들에 각별하게 관여하는 동물과 일종의 관계를 맺을 때 나타납니다. 예를 들어 양치기는 그의 양들과 이런 종류의 특별한 관계를 가질 것입니다. 경마용 마사(馬舍) 소유주가 그의 말과 맺는 관계보다 아라비아 사람과 그의 말이 맺는 관계와 유사한 그런 감정의 연결들은 앞선 시대에는 매우 일반적인 것이었습니다. 양치기와 그의 어린 양들 사이에서 그 혼의 힘들이 활동하는 것처럼, 또는 꽃으로부터의 냄새의 발산과 맛의 유출이 벌들을 향하는 것처럼 혼의 힘들이 한 왕국으로부터 다른 왕국에 걸쳐 작용할 때 어떤 존재들은 구체화할 기회를 찾습니다. 영적 연구자들은 벌들이 꽃들을 향하여 뚫고 가서 양분을 빨아들일 때, 꽃의 테두리를 둘러싸고 있는 냄새의 기운(aura)을 인식할 수 있습니다. 꽃 안의 벌은 맛의 매개물이 되며, 공기의 정령에게 자양분을 주는 일종의 꽃의 기운을 흘리나오게 합니다. 같은 방식으로 양치기와 양 사이에 얽혀 있는 감정들에 의해 불의 정령들은 자양분을 얻게 됩니다….

만약 그런 존재들에게 자양분을 주기 위한 기회들이 제공된다면, 그러면 그 존재들은 나타날 것입니다. 예를 들어 인간들이 자신으로부터 사악한 사고들이 흘러나오는 것을 허용하면, 어떤 본질적인 존재들이 그곳에서 자양분을 찾으면서 그들의 사악한 기운으로 끌려오는 것입니다….

만약 우리가 그것에 대해서 더욱 생각하게 된다면 우리는 스스로가 전체적으로 영의 존재들에 둘러싸여 있다는 것을 깨달아야만 합니다. 각각의 호흡의 숨, 모든 산들바람은 단순한 화학적 물질 이상입니다. 그것은 또한 우리를 둘러싸고 스며드는 그런 존재들의 드러남(revelation)인 것입니다. 미래에 만약 우리가 큰 슬픔과 주어진 운명으로 고통받지 않기 위해서는 우리를 둘러싸서 살고 있는 것이 무엇인지 반드시 알아야만 합니다. 우리는 그런 지식 없이는 전진할 수 없습니다. 우리는 스스로에게 어떻게 이런 존재들이 나타나고 어디에서 오는 것인지 물어야만 합니다. 그런 질문들은 어떤 해롭고 사악한 요소들이 어떻게 변형될 수 있으며, 또한 고차적인 세계들의 현명한 인도를 통하여 어떻게 선(善)이 만들어질 수 있는지 우리가 이해할 수 있도록 도와줄 것입니다. 이것의 은유(metaphor, 隱喩)로서 거름 혹은 배설물(dung)을 생각해 봅시다. 이것은 소모된 산물로서 배설되는 것이지만, 만일 우리가 새로운 식물 성장의 토대로서 이것의 좋은 사용법을 만든다면 유익한 영향을 가질 수 있습니다. 겉으로는 진화된 삶에 의해 뒤에 남겨져 있는 보이는 것들이 고차적인 힘들에 의해 회복될 수 있으며 변형될 수 있는 것입니다. 그리고 이것이 그런 존재들과 더불어 우리가 말해온 매우 많은 사례인 것입니다 … .

불의 정령은 사람과 동물 사이의 일종의 어떤 관계가 요구되는 존재들입니다. 지구상의 모든 창조물들 중에서 인간만이 오직 그들 자신 내부에 둘러싸인 자아를 소유합니다. 반면에 동물들은 집단 자아 혹은 집단혼을 가집니다. 이것은 모든 동물들 중 특정한 종들이 그들 사이의 공통된 자아를 공유한다는 것을 의미합니다. 예를 들어 모든 호랑이들 혹은 모든 창 꼬치(pike, 역자 주 : 머리가 길고 뾰족하며, 아래턱 끝이 위턱보다 튀어나와 있는 바닷물고기를 말한다.)처럼 모든 개별적 사자들은 거대한 집단 자아의 일부인 것입니다.

동물들은 아스트랄계(the astral world) 내에서 그들의 자아를 가집니다.[11] 이것은 마치 누군가가 10개의 구멍을 가진 벽 뒤에 서 있는데, 그가 10개의 손가락들을 그 구멍에 밀어넣고 있는 것과 같습니다. 어떤 이는 그를 볼 수는 없을 것이지만, 그 10개의 손가락들이 그 뒤에 숨어 있는 존재의 것임을 합리적으로 추론할 수 있습니다. 이것이 집단 자아와 같은 것입니다. 그 개별적 동물들은 간단하게 말하면 아스트랄계에 거주하는 것의 갈라진 부분들인 것입니다. 비록 영의 관점으로부터는 유사하다라고 할지라도, 이런 동물의 자아들은 인간의 '나'(I)와는 다른 개념입니다. 동물의 집단 자아는 아주 현명한 실체이며, 개별적인 인간의 혼보다 훨씬 현명합니다. 단지, 어떤 새의 종들과 그들의 비행의 높이와 방향에 대한 타고난 분별력, 그리고 그 분별력은 새들이 겨울을 뒤로 하고 떠나도 봄에 다른 루트로 돌아오는 것을 가능하게 한다는 것을 생각해 보십시오. 우리는 그들의 비행에서 집단 자아의 현명한 영향력을 인지할 수 있습니다. 그와 같은 현명함은 동물왕국의 모든 장소에서 발견될 수 있습니다.

인간은 인류의 진보라는 이유로 인하여 매우 근시안적이고 자기 중심적입니다. 여러분들은 학생 시절에 점차적으로 중세 시대에서 벗어나 현대 세계를 형성한 그 혁신들과 충격들에 관해서 아마 잘 배웠을 것입니다. 물론 우리는 이 시간에도 발생했던 그 중요한 발전들을 인정해야만 합니다. 아메리카 대륙의 발견, 화약과 인쇄술의 발명, 그리고 또한 종이의 제조 등이 그것들입니다. 물론 종이가 양피지(parchment, 羊皮紙)를 대체하였을 때, 그것은 중요한 발전이었습니다. 그러나 장수말벌(wasp)의 집단혼은 이것을 이미 수천 년 전에 달성하였던 것입니다. 장수말벌의 보금자리는 인간에 의해 제조된 종이와 같은 종류의 물질로 만들어졌습니다.

인간은 오직 점진적으로 세계 안에서 작동해 왔고 엮여온 집단혼들과 결합되어 있는 그의 영의 어떤 형상들을 발견하게 될 것입니다. 이런 집단혼들은 계속적인 움직임의 상태에 있습니다. 그 통찰력은 동물들의 척추(spine, 脊椎)의 길이를 따라 계속적인 명멸(flickering, 明滅)을 볼 수 있습니다. 만일 척추가 이 약동 속에 끼워져 있다면 명멸은 밝을 것입니다. 모든 방향에서 지구를 에워싸고 있는, 어느 정도 무역풍과 비슷한 무수한 힘의 흐름들이 동물들에게 고동쳐 흐르고 그들의 척수(spinal cord, 脊髓, 역자 주 : 척수는 척추 안에서 보호를 받는다. 즉 척추는 뼈를 말하는 것이고 척수는 그 안의 신경 세포를 말하는 것이다.) 주위를 흐르며 그것들에 영향을 미칩니다. 그 동물의 집단혼들은 지구를 에워싼 모든 높이들과 모든 방향에서 지속적인 혈액 순환의 움직임으로 들어갑니다. 그것들은 대단히 지혜롭지만 한 가지가 결여되어 있습니다. 그들은 우리가 사랑이라고 부르는 것을 알지 못합니다. 오직 인간에게 있어서만 자아는 사랑이 지혜와 결합된 것입니다.

각각의 개별적 동물은 사랑을 성적 사랑 혹은 어버이로서의 사랑의 형태로 알고 있습니다. 동물 안에서 사랑은 개별화되었으나 그 집단 자아의 지혜에는 사랑이 없는 것입니다. 인간은 사랑과 지혜를 결합시키는 반면에 동물 안에서는 그것들이 분리되어 있습니다. 즉 동물은 그것의 육체적인 존재 안에서 사랑을 가지고, 집단 자아의 아스트랄 왕국 내에서 지혜를 가지는 것입니다. 우리는 그런 것들을 이해함으로써 큰 지혜를 배울 수 있습니다.

우리의 현대를 제외하고 인간의 자아는 오로지 천천히 발달하였습니다. 앞선 시대에 우리 역시 개인적인 혼이 서서히 빠져나왔던 집단혼을 가졌었습니다 … .

인간이 진화함에 따라 육체적인 세상은 보다 집중적이고 인간으로만 한정되어 성장하였습니다. 그러나 동시에 통찰력이 있는 시각의 힘들은 흐릿해졌습니다. 육체적인 세상이 더욱 정의되고 밝게 자라남에 따라 영의 세상은 어둡고 흐릿하게 되었던 것입니다. … 고대의 인간은 아침마다 그들의 육체적인 몸들을 향해 내려왔고, 분리됨과 혼자임을 느꼈습니다. 그러나 그가 밤마다 영의 세계로 돌아왔을 때 그는 또한 자신이 일부분이었던 통일체와 완전함으로, 그가 속해 있던 거대한 집단으로 돌아왔습니다 … .

그런데 천천히 개인적인 의식이 이 집단혼에서 빠져나와 발달하였습니다. 이스라엘의 시간(Patriarchs)으로 이야기하면 우리는 집단혼으로부터 개인적인 혼으로의 변천의 자취들을 찾을 수 있습니다. 노아(Noah)의 시대 이전의 기억은 완전히 다른 종류의 것이었습니다. 존재가 개인적인 삶의 경계 내에 스스로를 제한하는 대신 아버지, 조부, 증조부 등의 삶을 포함하여 과거로 거슬러 올라갔습니다. 그런 한 핏줄 내에서 기억은 아주 오래된 세대들로 거슬러 흘러갑니다.[12] 오늘날에는 당국들이 각각의 개인의 이름을 기록합니다만 그 시대는 사람들이 아버지 혹은 할아버지가 같은 피, 그리고 기억을 공유하는 모든 이와 결합된 '아담'(Adam) 혹은 '노아'(Noah)와 같은 보통 명사(common name)를 사용했던 것을 기억하는 때였습니다. 이런 이름들은 개인적인 삶과 관련되지는 못하지만, 전체적인 집단들과 부족들의 기억의 흐름과 관련해서는 개인적인 구성원들의 삶을 넘어서 멀리 확장합니다 … .

인간으로서 우리가 집단혼과 결합된 채 남아 있는 동안 우리는 고차적 힘들에 의해 안내되었습니다. 그러나 이것이 약해졌기 때문에 우리는 자신의 힘으로 타개하지 않으면 안 될 처지가 되었습니다. 그런데 만약 우리가 그 필요한 영적 지식으로의 접근을 모색하지 않는다면 완전히 고립되어 버릴 위험에 처한 것입니다.

무엇이 우리를 그런 영적 고립으로부터, 집단혼의 영적 안내가 없어서 목표 없이 방랑하는 것으로부터 보호할 수 있을까요? 인간의 개별화의 과정은 더욱 뚜렷해진다는 것을, 그리고 미래에 인간은 점점 더 그들 자신의 자유 의지를 통하여 서로 관계맺어야만 한다는 것을 확실히 분명하게 해봅시다. 혈연, 계보, 종족 등에 기반하는 사람들 사이에서의 오래된 관계들은 곧 완전히 쓸모 없게 될 것입니다. 모든 것은 점점 더 인간의 별개의 개인성으로 향하는 경향인 것입니다.

그러나 앞으로 오직 가능한 방법은 결국 과거로 이끄는 것입니다. 지구에서의 처지에 대해 인간이 모두 그 자신의 길로 가길 원하고 내부에서부터 스스로의 방향을 찾길 원한다고 상상하는 것은 점점 더 별개가 되고 서로 서로 알게 되는 것입니다. 거기에 분열과 고립의 위험이 있는 것입니다. 오늘날 사람들은 어떤 것이 그들을 영적으로 통합할지도 모른다고 이미 경계하고 있습니다. 오늘날 거의 대부분의 사람들은 그들 자신의 종교를 가지고 있고, 그들 자신의 견해를 가장 중요한 것으로 고려합니다. 그래도 만일 사람들이 내면을 돌아보며 자신의 이상을 자세하게 들여다 본다면 그들은 다른 사람들과의 조화 속에 있는 자신을 찾을 수 있을 것입니다. 예를 들어 우리는 3 곱하기 3은 9와 같음을 인정합니다. 또한 삼각형의 세 각을 합하면 180도라는 것을 인정합니다. 이런 것들은 우리가 논의할 필요가 없는 내적인 확실성의 문제이며, 그리고 마찬가지로 모든 영적 진실들은 이런 종류의 것입니다. 영의 과학은 각각의 사람들이 혼자 힘으로 그들 스스로의 내적인 노력을 통하여 발견할 수 있다는 점들을 가르칩니다. 그것들은 그를 완전한 합치, 평화, 그리고 모든 다른 것들과의 조화로 이끕니다. 만약 진실에 관하여 두 가지의 충돌하는 견해들이 있다면 그것들 중의 하나는 잘못임에 틀림없습니다. 우리의 이상은 우리들 내부에 깊고 깊이 도달하는 것임에 틀림없는데, 왜냐하면 그렇게 행동하는 것에서 우리들은 조화와 평화를 찾기 때문입니다.

무엇보다 먼저 인간의 집단혼이 존재하였습니다. 그런데 점점 인간은 이것으로부터 자유로워졌습니다. 그러나 우리는 발전을 계속하고 있기 때문에 우리 앞에 얻기 위하여 노력하는 이상적 목표를 향한 방향을 가져야만 합니다. 사람들이 고차적 지혜와 결합되어 있을 때, 그리고 자연스러운 유대에 근거하는 공동체들이 자유 의지를 통하여 발생하는 것들에게 자리를 양보할 때 집단혼은 고차적 세계로부터 다시 한 번 내려옵니다. 우리의 영적 과학활동의 최전방에서 우리의 목표는 식물이 햇빛을 향하여 뻗치는 것과 같이 인간의 가슴이 지혜의 근원들을 향하여 흘러나올 수 있는 공동체를 찾는 것입니다. 공통의 진리에 의해 결합되어 있던 자아들이 분리된 장소에서 고차적 집단혼은 내려올 수 있습니다. 더불어 만약 우리의 가슴을 고등의 지혜를 향하여 돌린다면, 그것을 위하여 준비한 환경에서 집단혼은 고정되어 스스로를 구체화할 수 있습니다. 인간이 영적 존재가 고차적 세계로부터 내려오는 것을 가능하게 만들 때 지구상에서의 삶은 부유해질 것이고, 그리고 그것이 영적 과학의 목표이자 이상인 것입니다.

이 살아 있는 영적 이상은 일찍이 강력하고 웅대한 형태로 인류에게 드러났는데, 이 영적 이상의 압도적인 힘은 통합된 영이 혼들의 단일성을 통해 우리들 사이에서 구체화하는 것을 돕기 위하여 우리가 어떻게 노력할 수 있는지 보여줄 수 있습니다. 다수의 인간들이 공동의 목표로서 함께 만났고, 또한 아주 깊은 사랑과 헌신이라는 단일한 느낌에 의해 고무되었던 성령 강림절의 사건은 우리 앞에 거대한 상징과 표시로서 서 있습니다. 이런 인간의 혼들은 산산이 부서지는 같은 사건에 의한 충격 속에서 결합되었습니다. 통합된 이 하나의 감정의 흐름은 고차적 존재로서의 통합된 혼이 내려와 스스로 드러내는 것을 가능하게 하였습니다. 이것은 성령의 도래와 스스로 분할하여 불의 혀들의 형태로서 각각의 개인에게 내려왔던 고차적 집단혼을 묘사하는 단어들에 의해 명백해졌습니다. 그것은 인류의 미래를 위한 거대한 상징이며 이상인 것입니다 … .

인간은 이제 고차적 세계의 존재들이 그들 스스로를 쏟아부을 수 있는 그릇(vessel, 容器)을 만들기 위하여 시도해야만 합니다. 부활절 행사는 인류에게 이런 강력한 이상을 내면화하기 위한, 또 영의 통합을 위하여 고군분투할 힘을 주었습니다.

성령 강림절의 행사는 이 힘의 원숙으로부터 태어난 열매인 것입니다.

통합하는 지혜를 향하는 혼들의 흐름은 그 힘과 고차적 세계의 존재들, 그리고 사람들이 오늘날 그다지 중요하다고 않다고 여기는 성령 강림절 행사 그 자체와 활발한 연결을 지속적으로 만들어야만 합니다. 영의 과학은 인간을 위하여 그런 접속의 중요성을 새롭게 해야 할 것입니다. 사람들이 성령의 내려옴이 인류의 미래에 대해 의미한다는 것을 알 때 새로운 삶이 성령 강림절의 잔치 속으로 불어넣어질 것입니다. 그러면 그것은 더 이상 단지 예루살렘(jerusalem)의 행사에 대한 기억으로서 뿐만 아니라, 공통된 혼이 지속적으로 노력하는 잔치가 될 것입니다. 그것은 미래에 성령 강림절 친교(親交)의 상징과 이상이 될 것이고, 그 안에서 인간은 진정으로 함께 참여하게 될 것이며, 그래서 고차적 존재들은 인간들 사이에서 구체화할 수 있을 것입니다. 지구가 미래에 자신의 힘을 충분히 발휘하기 위한 범위, 그래서 그런 이상들이 인간의 삶 내에서 영향력을 행사하는 범위는 인간 그 자체에 달려 있습니다. 만일 인류가 이런 방법으로 진리와 통합하기 위해 노력한다면 고차적 영들은 내려올 것이고, 인류와 결합할 것입니다.

## 바벨탑

「창세기」 11장 1절-9절

**1**. 온 땅은 구음이 하나이요 언어가 하나이었더라

**2**. 이에 그들이 동방으로 옮기다가 시날 평지를 만나 거기 거하고

**3**. 서로 절하되 자, 벽돌을 만들어 견고히 굽자 하고 이에 벽돌로 돌을 대신하며 역청으로 흙을 대신하고

**4**. 또 말하되 자, 성과 대를 쌓아 대 꼭대기를 하늘에 닿게 하여 우리 이름을 내고 온 지면에 흩어짐을 면하자 하였더니

**5**. 여호와께서 인생들의 쌓는 성과 대를 보시려고 강림하셨더라

**6**. 여호와께서 가라사대 이 무리가 한 족속이요 언어도 하나이므로 이같이 시작하였으니 이후로는 그 경영하는 일을 금지할 수 없으리로다

**7**. 자, 우리가 내려가서 거기서 그들의 언어를 혼잡케 하여 그들로 서로 알아듣지 못하게 하자 하시고

**8**. 여호와께서 거기서 그들을 온 지면에 흩으신 고로 그들이 성 쌓기를 그쳤더라

**9**. 그러므로 그 이름을 바벨이라 하니 이는 여호와께서 거기서 온 땅의 언어를 혼잡케 하셨음이라 여호와께서 거기서 그들을 온 지면에 흩으셨더라

# 하나의 **불**, 많은 **언어들***

'도르나흐' 에서 1923년 5월 9일에 행해진 강연 중 발췌

**다양한 면에서 성령 강림절에 '여러 언어로 말하기'** (speaking in tongues, 역자 주 : 방언)**는 한때 통합되어 있었던 인류가 분리되어 버린 때의 성경 이야기 바벨**(Babel, 역자 주 : 구약성서 「창세기」 제11장에 나오는, 벽돌로 하늘 높이 피라미드형으로 쌓아올렸다는 탑으로서 히브리어로 '신의 문' 이라는 의미이다. 노아의 후손들이 하늘에 닿게 탑을 세우려고 하나, 이를 괘씸하게 여긴 야훼가 사람들의 마음과 언어를 혼동시켜 멀리 흩어지게 함으로써 탑 건축이 중단되었다고 한다.)**의 반대이다. 많은 언어들로 '재잘거림'** (babble)**은 모든 인간의 차이들을 넘어서 진심으로 우러난 이해를 향하여 고쳐 만들어**(reforged) **진다.**

제자들은 그들의 시각이 그 힘을 상실하였기 때문에 40일 이후에는 그리스도를 더 이상 보지 못하였습니다. 그래서 그들은 말하였습니다.

"이제 그는 우리로부터 떠나가셨습니다."

당연히 승천은 제자들이 매우 슬픔을 느끼게 만든 사건

* 도르나흐, 1923년 5월 9일, 『석회암으로부터 샛별까지』, 루돌프 슈타이너 출판부, 1999.

이었습니다. 그들은 말하였습니다.

> "비록 그는 돌아가셨지만, 비록 그의 적들은 그를 십자가에 못 박았지만 그는 40일 동안 우리들 사이에서 사셨습니다. 이제 그는 더 이상 우리들 사이에 계시지 않지만 우주의 광활한 공간으로 돌아가셨습니다."

그리고 그들은 진정으로 풀이 죽었습니다. 그것은 일반적인 종류의 슬픔이 아닌 심원한 그 무엇이었습니다. 그래서 우리가 그 다음에 읽는 10일, 그 10일은 제자들과 사도들이 내적으로 전환하여 그들의 가슴을 향하여 깊게 바라보고, 그리스도가 자신들에게 말한 모든 것을 생각하기 위하여 그들의 내면의 힘을 사용한 시간이었습니다. 그 10일은 그들이 다음과 같이 말할 수 있게 되기에 충분하였습니다.

> "그렇습니다. 우리 역시 이 모든 것을 알 수 있습니다. 이 지혜 또한 우리 안에서 살고 있습니다."

그리고 10일이 지난 지금 그들은 다른 사람들에게 그 지혜를 가르쳐 줄 충분한 튼튼함도 느꼈습니다. 불의 혀 같은 것들이 이것의 상징으로서 그들의 머리 위로 내려왔습니다. 그것이 성령 강림절의 사상이었고, 불의 혀들로 구체화된 것이었

「바벨탑」– 브뤼겔(1525–1569) 작

습니다. 큰 슬픔 속에서 그들은 자신들의 모든 경험들을 깊이 있게 고려하여 그리스도를 더 이상 보지 못하게 된 것에서, 그들이 자신들을 가르치기 시작할 수 있었던 그런 방법으로 내적인 전환을 할 수 있었습니다.

그리고 우리는 그들이 그 다음에 '여러 언어들로 말하기' 시작한 그 아름다운 언어들을 읽습니다. 그러나 여기서 우리는 그런 초기 시대의 사람들은 어떻게 사물들을 표현하였는가 하는 것을 이해해야만 합니다. 물론 여러분은 사도들이 중국어 혹은 일본어, 독일어를 말하기 시작하였다고 상상해서는 안 됩니다. 그 시대에 그런 사물들이 표현되었던 방법이 의미하는 것은, 승천과 성령 강림절 사이의 10일 동안 그들이 자신들의 사색으로 숙고했던 모든 것이 그들에게 큰 포용력과 이해력을 주었다는 것입니다. 이제 그들은 더 이상 종교들 사이의 차이점을 강조하지 않았지만 한 종교가 모든 인간들을 통합한다고 말하였습니다. 그것이 바로 그들이 모든 언어들로 이야기할 수 있었다고 말하는 것이 의미하는 것입니다. 그들은 한 종교가 인간을 통합시킨다고 말하였습니다.

그리고 모든 인류를 위한 하나의 종교가 나타났다는 것, 그것이 성령 강림절에 대하여 무엇보다 우선하는 생각입니다. 여러분들은 종교적 일들에서의 광신적인 행위로부터, 또 기독교 신앙이 불교(Buddhism), 유대교(Judaism), 그리고 모든 다른 종교들을 적대하는 것을 포함하는 배타로부터 늘 거대한 해악이 인류에게 다가오는 것을 봅니다 … .

우리가 존경해야만 하는 신성한 영은 지구상의 특정한 장소에만 붙어 있는 것이 아니라, 태양의 힘과 그리스도가 흡수했던 태양의 살아 있는 본성과 관계가 있는 것입니다. 그리고 그 태양은 진정한 모든 인류를 위한 것입니다. 유럽에서 자신의 머리 위에서 빛나고 있는 태양이 이집트인 혹은 중국인, 오스트리아인에 의해 즐겨지고 있는 태양과 다르다고 말할 수 있는 이는 없습니다. 그리스도의 힘이 모든 현재의 태양으로부터 온다고 진정으로 인정하는, 누구라도 모든 인류를 포함하는 무엇보다 포용적인 종교를 허용해야만 합니다 … .

제자들은 태양의 종교가 왔다는 것을 완전히 인정하였습니다. 그들은 '여러 언어로 말할' 수 있었고, 그것은 그들이 화해의 종교를 말했다는 것을, 모든 인류를 위한 관용의 종교를 말했다는 것을 의미합니다. 그것이 성령 강림절의 사상입니다. 그러나 여러분들이 알고 있는 것처럼 이것은 아직 달성되지 않았지만 반드시 달성되어야만 하는 것입니다. 그리스도는 어떤 것을 이 지구로 가져왔고, 그것은 어떤 특정한 교의(教義) 혹은 가르침에 의존하는 것이 아니라, 보편적인 사실에 기반하고 있다는 것이 진정한 이해임에 틀림없습니다 … .

## 최후의 만찬

「마가복음」 14장 12절－26절

**12**. 무교절의 첫날 곧 유월절 양 잡는 날에 제자들이 예수께 여짜오되 우리가 어디로 가서 선생님으로 유월절을 잡수시게 예비하기를 원하시나이까 하매

**13**. 예수께서 제자 중에 둘을 보내시며 가라사대 성내로 들어가라 그리하면 물 한 동이를 가지고 가는 사람을 만나리니 그를 따라가서

**14**. 어디든지 그의 들어가는 그 집 주인에게 이르되 선생님의 말씀이 내가 내 제자들과 함께 유월절을 먹을 나의 객실이 어디 있느뇨 하시더라 하라

**15**. 그리하면 자리를 베풀고 예비된 큰 다락방을 보이리니 거기서 우리를 위하여 예비하라 하신대

**16**. 제자들이 나가 성내로 들어가서 예수의 하시던 말씀대로 만나 유월절을 예비하니라

**17**. 저물매 그 열둘을 데리시고 와서

**18**. 다 앉아 먹을 때에 예수께서 가라사대 내가 진실로 너희에게 이르노니 너희 중에 한 사람 곧 나와 함께 먹는 자가 나를 팔리라 하신대

**19**. 저희가 근심하여 하나씩 하나씩 여짜오되 내니이까

**20**. 이르시되 열둘 중 하나 곧 나와 함께 그릇에 손을 넣는 자니라

**21**. 인자(Son of Man)는 자기에게 대하여 기록된 대로 가거니와 인자를 파

는 그 사람에게는 화가 있으리로다 그 사람은 차라리 나지 아니하였더면 제게 좋을 뻔하였느니라 하시니라

**22**. 저희가 먹을 때에 예수께서 떡을 가지사 축복하시고 떼어 제자들에게 주시며 가라사대 받으라 이것이 내 몸이니라 하시고

**23**. 또 잔을 가지사 사례하시고 저희에게 주시니 다 이를 마시매

**24**. 가라사대 이것은 많은 사람을 위하여 흘리는 바 나의 피 곧 언약의 피니라

**25**. 진실로 너희에게 이르노니 내가 포도나무에서 난 것을 하나님 나라에서 새 것으로 마시는 날까지 다시 마시지 아니하리라 하시니라

**26**. 이에 저희가 찬미하고 감람산으로 나가니라

# 따뜻함이 물질을 변형시킨다*

'도르나흐'에서 1920년 5월 16일에 행해진 강연 중 발췌

슈타이너가 이 글에서 성령 강림절에 대해 직접적으로 언급하지는 않았다 할지라도 성령 강림절은 두 가지 방법들로 관련이 된다.

첫째는, 외부에서 성령(gifts)을 받아서 내면화하는 성령 강림절이 구체화되는 일반적인 방향의 역전으로, 즉 개별화 및 변형되어 성령이 다시 흘러나오는 자발적인(self-directed) 활동과 관련된 것이다. 물질에 대한 인내와 통찰을 가리키는 이름의 파르치팔[Parzival, 역자 주 : 독일 중세의 궁정 서사시인 '볼프람 폰 에셴바흐' (Eschenbach, 1170?-1220?)가 쓴 대서사시. 소박하고 순진한 파르치팔이 기사가 되려고 세상에 나와 인간적인 발전을 해나가는 모습을 그리고 있다. 결국 이상적인 인간상으로서의 성배왕(聖杯王)이 된다. 파르치팔은 영어로는 퍼시벌(Percival), 프랑스어로는 페르스벌(Perceval)로 아서왕의 12기사 중 한 명이며, '에셴바흐'가 그 중 파르치팔의 이야기를 밀도 있게 재구성한 것이다.]은 용기, 참을성, 그리고 계속해서 깊어지는 영적 인식을 대표하는 인물이다.

둘째는, 슈타이너가 반복해서 말한 테마로서 이 책에서 종종 드러나는 것인데, 싹을 틔우는 힘(a germinal power)이 있고 우리에게 사실성과의 향상된 접촉을 주는 상상의 영상들과 사고들, 또는 단지 지구 존재의 그림자로서 남아 있는 텅 빈 영상들과 관련된 것이다. 그리스도(The Son)는 인간의 내려옴과 소멸을 뒤집었으며, 그리고 그리스도 자체는 인류를 위한 씨앗의 힘이다. 씨앗들이 익어갈 때 씨앗들의 경로는 열과 따뜻함과 관계가 밀접해지고, 슈타이너는 여기서 인간들을 결합시키는 도덕적 사실성으로서 따뜻함에 대해서 언급한다.

* 도르나흐, 1920년 5월 16일, 『우주의 신비』, 루돌프 슈타이너 출판부, 2001.

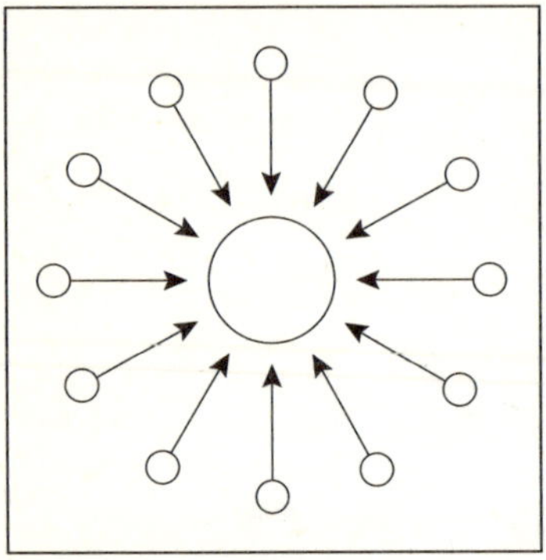

**영상 1**
성배(Grail) 영상

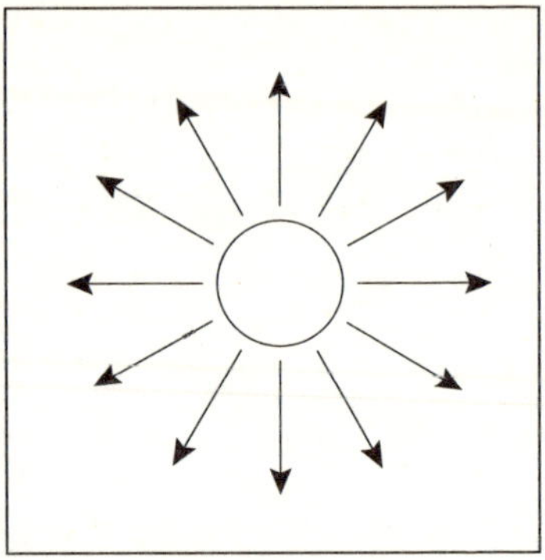

**영상 2**
파르치팔(Prazival) 모양

**「성배를 발견한 파르치팔」** – 번 존스(1833-1898) 작

우리가 영상들 내에서 머물러 있을 때 우리는 실제로 존재하는 것이 아닙니다. 우리가 단지 사고 안에 머물러 있을 때, 그것은 우리가 실재적인 감각 내에서 존재하는 것은 아니라는 가장 확실한 신호입니다. 사고들은 실재성으로 채워져만 합니다. 그래서 인간은 단지 영상들 내에서 살기를 계속할 수는 없으며, 내적인 실재성이 다시 한 번 인간들 내에 존재하여야 하

는데, 그리스도가 골고다의 기적을 통하여 인간 내로 들어간 것입니다. … 이 중심적인 힘은 지금 인간 혼의 실재성을 되돌려주었고, 그리고 그것은 단지 영상이 되어버렸습니다. 그러나 이것이 바로 이해되지는 않았습니다. 중세 시대에 아서왕(King Arthur)의 원형 탁자를 둘러싼 12사람(역자 주 : 아서왕 휘하의 12명의 기사, 즉 원탁의 기사를 의미한다. 여기서 원탁이란 아서왕과 12기사들이 앉았던 둥근 탁자로서, 자리가 13개로 구성되어 있으며, 예수와 그 제자의 수를 의미한다. 13번째 자리는 배신자 유다를 상징하는 것으로 가장 뛰어난 기사가 앉게 되어 있었다고 한다.)에게서 우리는 이것의 마지막 반향(echo, 反響)을 가졌었습니다. 그러나 이것은 곧 다른 것에 의해 대체되었으니, 이는 파르치팔 전설로서 그것은 그 자신의 내면의 중심을 벗어나 열두 배로 발달시키는 한 사람을 열두 사람과 대비시킵니다. 따라서 첫 번째 영상(94쪽의 왼쪽 영상), 그것은 본질적으로 성배[grail, 역자 주 : 전설에 따르면 예수가 최후의 만찬에서 사용한 잔으로 후에 십자가에 못 박힌 예수의 피를 받았다고 한다. 또한 에셴바흐는 하늘에서 내려온 돌그릇이라고 하였다. 그러나 사실 성서에는 성배라는 말이 나오지 않는다. 그럼에도 성배는 유럽 문학의 소재로 많이 사용되었다. 최근 마가렛 스타버드(Margaret Starbird)와 같은 이는 여러 비전을 근거로 성배가 예수의 아내 막달라 마리아라고 주장하기도 하였다.]의 영상입니다만 이와 비교하여 파르치팔 영상(94쪽의 오른쪽 영상)은 저렇게 배치되는 것임에 틀림없으며, 그것은 인간이 그 내부에 가지고 있는 것이 중심으로부터 방사(放射)되는 것입니다.

파르치팔을 이해하길 원했던, 그리고 파르치팔의 활동

을 인간의 혼 내에 만들길 원했던 중세 시대의 사람들의 노력은 진정한 본체, 즉 모든 물질성이 여과되어 떨어져 나간 이후에야 인간 내에 결정화되어 나올 수 있었던 관념의 삶을 향하는 실제의 내면의 존재를 소개하였습니다. 성배 전설이 여전히 외부로부터 내부의 방향으로 흐르게 구체화되고 있는 반면에 파르치팔 모형은 지금 이와 반대로 배치되며, 단순한 영상들을 향하여 그것들의 실재성을 회복시킬 수 있는 내면의 삶을 중심에서부터 방사하는 것입니다.

그래서 파르치팔 전설은 그리스도의 내부를 향한 길을 찾기 위한 중세 시대의 인간의 노력을 대표하는 것입니다. 또한 파르치팔 전설은 인류의 진화 내에서 그리스도로서의 삶은 무엇인가를 이해하기 위한 본능적인 노력을 대표합니다. 만약 누군가가 파르치팔 모형에서 무엇이 경험되었는지 내면으로 공부한다면, 그리고 그것을 교의와 신앙의 내용들과 비교한다면 그 사람은 오늘날 꼭 필요한 강한 자극을 받을 수 있을 것입니다. 사람들은 지금 그리스도라는 단어의 껍질에 만족하고 있으며, 따라서 그들이 그리스도를 소유하고 있다고 믿고 있지만, 좀 더 피상적이고 외부적인 해석과 주석에 머무르고 있는 것을 제외하면 신학자들조차 그를 소유하지 못합니다. 중세 시대에는 인간을 대표하는 파르치팔을 이해함으로써 그런 해석과 주석들을 뒤로 하는 많은 직접적인 의식이 여전히 있었고, 사람들은 그리스도라는 인물을 향하여 그들의 방향을 위로 맞출 수 있었습니다. 만일 우리가 이것을 반영한다면 우리는 또한 전체적인 우주 속에서의 인간의 위치에 대한 인상을 얻을 수 있을 것입니다. 자연의 세계 구석구석에는 힘과 에너지의 전환 및 변환이 보편적입니다. 오직 인간 안에서는 순수한 사고에 의해 물질이 버려질 수 있습니다. 순수한 사고에 의해 인간으로부터 물질이 버려진다는 것은 실제적으로는 소멸이며, 그리고 무(nothingness, 無)가 된다는 것입니다. 그러므로 인간에게는 우주 안에서 더 이상 물질이 존재하지 못하는 그런 공간이 있게 됩니다.

만약 우리가 이것을 반영한다면 지구상의 모든 존재들에 대하여 다음과 같이 생각해야 합니다. 이곳은 지구이고, 그리고 지구 위에는 인간이 있으며, 그들을 향하여 물질이 통과합니다. 모든 장소에서 다른 물질들은 변형되고 전환되지만 인간 내에서는 소멸되고 맙니다. 물질로서 쇠퇴해 갈 그 물리적인 지구는 인간에 의해 점차적으로 변형되어 갑니다. 어느 날 지구의 모든 물질들이 인간의 유기체를 관통할 때, 지구는 행성의 몸으로 존재하기를 그만둘 것이라고 예측해 볼 수 있습니다. 그리고 인간이 지구의 존재로부터 얻을 수 있는 것은 영상들이 될 것입니다. 그러나 이것들은 새로운 진실성을 가지며, 또한 근본적인 진실성을 보존할 것입니다. 이 진실성은 골고다의 기적을 통하여 인간의 진화에 들어온 핵심적인 힘으로부터 시작되는 것입니다. 따라서 우리가 지구의 끝을 바라보면 무엇을 보겠습니까? 지구의 모든 물질이 파괴될 때, 위에서 묘사한 것처럼 끝을 맞이할 것입니다. 그 이후에 인간은 지구의 발전 동안 발생했던 모든 것들의 영상을 소유할 것입니다. 골고다의 기적이 없었다면 지구 진화의 끝에서 지구는 우주를 향하여 거꾸로 흡수되었을 것이고, 단지 실제성 없는 영상들로만 남아 있었을 것입니다. 그러나 그것들을 실제적으로 만드는 것은 인간의 진화에서 발생했던 골고다의 기적이라는 사실이며, 그것은 미래의 삶을 위하여 이런 영상들에게 내면의 진실성을 줍니다. 골고다의 기적을 통한 새로운 시작은 지구의 미래 존재를 가능하게 할 것입니다. …

우리는 우리에게 다음과 같이 말할 수 있을 때까지는 기독교 신앙을 이해했다고 할 수 없습니다. 틀림없이 열의 영역 안에서 인간에게 변화가 발생했고, 그 결과로서 물질적 존재는 파괴되었고 순수한 영상의 존재들은 물질 밖으로 나타났습니다. … 우리는 단지 발전하는 물리적 우주에 관계되어 있는 것만이 아니라 그것의 쇠퇴함과도 관계되어 있으며, 따라서 우리는 지금 자신들을 그 쇠퇴함 속에서 맞이하게 될 단지 영상 존재에 불과한 것의 밖으로 끌어올리는 과정 중에 있으며, 그리고 이후에는 자유 의지로써 우리가 오직 스스로를 내맡길 수 있는 그리스도에 우리 자신들을 스며들게 하는 것입니다. 그리스도는 인간의 진화에 얼마간 관여하는데, 그것은 우리와 그의 연결이 오직 자유로운 것일 수 있음을 의미합니다. 그리스도를 인정하기를 강요당하는(compelled) 그 누구도 그의 왕국을 찾을 수 없을 것입니다. 그러나 그는 단지 지금 우리의 세계에서 부패해 가는 세상에 유일하게 관여하고, 정확히 이런 부패 때문에 그 성자(the son, 聖子)를 보내는 우주적인 성부(Father God, 聖父)에게 갈 수 있습니다… .

오늘날 현상계의 과학이라는 유령이 인간으로서 제시하는 것은, 우리에게 단지 무기질 재료의 배열을 보여주는 가공의 영상으로서 전혀 존재하지 않는 것입니다. 인간은 단지 많은 양의 유동체 또는 고형의 유기체로서일 뿐입니다. 그러나 인간은 또한 공기의 유기체이며, 무엇보다도 열의 유기체입니다. 우리는 우리가 공간으로부터 시간으로의 변이를 찾는 열의 수준에 도달할 때, 그 혼의 요소는 시간 속으로 흘러들어 갑니다. 열을 통하여 우리는 더욱 공간에서 시간으로 가며, 육체 속에서 도덕적인 것을 찾는 것이 가능하게 됩니다. 근시안적인 관점을 가진 사람들은 올바르게 형성된 인간에게 남아 있는, 도덕적인 것과 인간 본성 내의 육체적인 것의 연결을 거의 이해할 수 없습니다. 왜냐하면 어떤 이는 아무런 뚜렷한 육체적 반발도 없이 분명 사악하게 살고 있기 때문입니다. 아직 그런 사람의 열의 상태를 검사해 볼 생각을 한 사람은 없는데, 열의 상태는 사람들이 상상하는 것보다 훨씬 미묘한 방법들로 바뀌고, 또한 사람들이 죽음을 견뎌내는 데에도 영향을 미칩니다. 오늘날 사람들은 일반적으로 위로는 추상적인 방향으로 보고, 아래로는 육체적 · 물리적인 왕국으로 봅니다. 그러나 만일 우리가 이들 사이에 놓여 있는 내면의 활발한 열 혹은 따뜻함을 인식하지 못한다면 과도적인 영역을 찾지 않을 것인데, 적어도 인간의 감각에 있어 그 영역은 혼의 측면과 마찬가지의 육체의 측면을 가집니다. 우리는 우리의 동료들을 위하여 육체적 따뜻함의 짝으로서의 혼의 따뜻함, 즉 도덕적으로 따뜻함을 발달시킬 수 있습니다. … 어째서 우리는 '따뜻한' 느낌이라 부를까요? 왜냐하면 우리는 우리가 따뜻함이라고 부르는 느낌이 육체의 따뜻함에 대한 객관적 관념이라고 느끼고 경험하기 때문입니다. 따뜻함은 관념으로 스며듭니다. 그리고 오직 오늘날의 혼의 따뜻함만이 미래의 우주적 존재에서 그리스도의 자극이 그 내부에 살게 하기 위한 육체적인 부분으로 작용할 것입니다. 지구에서 따뜻함이 사라졌을 때 오늘날 세상의 느낌들 중에서 따뜻함의 간단한 영상이 남아 있을 것이고, 그리스도의 실체, 그리스도의 본성을 품은 육체가 될 것입니다. 외부적인 육체의 따뜻함과 우리가 본능적으로 느낌의 따뜻함이라고 부르는 것의 섬세한 연결을 찾을 수 있게 노력합시다. 그것을 찾기 위해 노력합시다 … .

## 좁은 문

「마태복음」 7장 13절-14절

**13**. 좁은 문으로 들어가라 멸망으로 인도하는 문은 크고 그 길이 넓어 그
리로 들어가는 자가 많고
**14**. 생명으로 인도하는 문은 좁고 길이 협착하여 찾는 이가 적음이리라

# 영(spirit, 靈)은 시간 속에서 산다*

'도르나흐' 에서 1924년 6월 4일에 행해진 강연 중 발췌

슈타이너는 이 글에서 텅 빈 영상들과 같은 것을 살아 있는 상상과 대조시키면서 지구상에서 공간의 개념과 그가 부르는 '시간' 의 개념을 구분한다. 그래서 여기서는 연속적으로 깨어지지 않는 시간 경험과 영원성에 대해서 언급할 것이다. 우리가 일반적으로 부르는 '시간' 이라는 것은 그것에 대한 우리의 공간화된 개념으로서, 계속되는 사건들을 분리하여 공간적 변화들에 의해 측정한 것이다.

우리는 보통 우리의 공간적 세상으로의 들어감을 생일로 여기며, 세상으로부터의 이탈을 죽음으로 여긴다. 그러나 세 장미 십자가 명상[three Rose Cross meditation, 역자 주 : 장미십자회의 명상법으로 생각된다. 여기서 장미십자회(Rosicrucian)란 크리스천 로젠크로이츠(Christian Rosenkreutz)가 14세기경에 창설했다고 알려진 비밀단체로서 고대부터의 신비주의적 내용을 전했다고 알려진다.]에서 우리는 크리스마스로부터 부활절을 지나 성령 강림절로 가면서 그리스도 안에서 죽음은 단지 영 안에서 새로운 삶을 향하는 문이라는 것을 발견한다.

'Ex deo nascimur, In Christo morimur, and Per spiritum sanctum reviviscimus' (신에서 우리는 태어나고, 그리스도 안에서 우리는 죽으며, 성령을 통하여 우리는 다시 살아간다.)

비록 단지 우리의 생각일 뿐일지라도 우리가 공간을 잊

* 도르나흐, 1924년 6월 4일, 『잔치들과 그 의미』, 루돌프 슈타이너 출판부, 2002.

고 시간을 단독적으로 고려할 때에야 오직 올바른 방향으로 태양을 올려다 볼 수 있습니다. 태양은 단지 빛나는 광선이 아니고, 빛나는 공간 그 자체입니다. 그래서 태양을 바라보면서 우리는 공간을 넘어선 어떤 왕국을 향하여 응시하는 것입니다. 태양은 유일무이한 별인데, 왜냐하면 우리는 태양을 통하여 공간을 넘어서 세상을 향하여 응시할 수 있기 때문입니다. 그리고 그 세상으로부터 그리스도는 인간에게로 오며, … 그리고 시간의 요소를 가져오며, 또한 인간의 가슴과 혼, 그리고 영이 그리스도와 결합할 때 우리는 다시 한 번 모든 영원성을 통하여 흐르는 시간의 흐름을 받을 수 있습니다. 우리가 죽을 때, 다른 말로 우리가 공간의 왕국을 떠날 때 우리에게 다시 돌아갈 시간을 주시는 그리스도를 붙잡는 것보다 우리 인간이 할 수 있는 다른 무엇이 있겠습니까? 골고다의 기적에 의해 인간은 너무 거대한 넓이의 공간의 존재가 되어버렸고, 시간이 그의 영향을 받지 않게 되었습니다. 그러나 그리스도는 인간에게 본래대로 시간을 주었습니다.

만일 이후에 공간의 세상으로부터 시간으로 나간다면 사람들은 그들의 혼이나 육체 내에서 죽지 않을 것이며, 그들은 반드시 그리스도 안에서 죽을 것입니다. … 우리의 지구 삶의 영역에서 골고다의 기적 이래로 다음과 같이 생각하지 않고는 죽음을 이해할 수 없게 되었습니다.

"우리는 반드시 그리스도 안에서 죽어야만 한다."

자연과학은 태양의 움직임에 대해서 말합니다. 그리고 자연과학은 그렇게 할 수 있는데, 왜냐하면 우리를 둘러싸고 있는 우주의 공간적 영상 안에서 태양이 움직임 속에 있다는 확실한 현상으로 인식하고 있기 때문입니다. 그러나 사실 이것은 단지 태양의 움직임이 공간의 왕국에 투영된 것의 반영에 불과합니다. 만일 우리가 진정한 태양을 말하려면 태양은 공간 속에서 움직인다고 말하는 것은 무의미한데(nonsense), 왜냐하면 공간 자체는 태양에 의해 흘러나오는 것이기 때문입니다. 태양은 단지 빛나는 광선뿐 아니라 공간의 왕국도 만듭니다. 그리고 태양의 움직임은 단지 공간 내에서 공간적인 것입니다. 공간의 밖에서 그것은 시간에서의 움직임입니다….

자신의 친밀한 제자들을 위하여 그리스도는 이런 단어들을 말했습니다.

"지구의 삶을 보아라."

이것은 우주의 삶과 관련이 있는 것입니다. 여러분이 지구와 그것을 에워싸고 있는 우주를 바라보면 그것이 자신의 삶이 곧 이 우주에 스며들어 있는 신(the Father)임을 발견할 것입니다. 그 신은 공간의 신입니다. 그러나 나는 태양으로부터 왔고, 오직 여러분이 죽을 때 받을 그 시간으로부터 왔다고 여러분에게 말하겠습니다. 나는 여러분들에게 시간의 왕국으로부터의 나 자신을 불러일으켰습니다. 만일 여러분이 나를 받아들인다면 여러분들은 시간을 받아들이고 공간에 매혹당하지 않을 것입니다.

이제 그 스스로를 전적으로 지구의 존재 내로 고립시키는 인간의 혼을 상상해 봅시다. 그는 여전히 신성함을 느낄 수 있는데, 왜냐하면 그는 신성함으로부터 태어났기 때문입니다(Ex deo nascimur). 그 이후에 그는 더 이상 스스로를 공간의 세상에 끼워넣지 못할 뿐만 아니라, 시간의 세상으로부터 공간의 세상으로 향하며 시간 그 자체를 지구의 공간을 향하여 가지고 오는 그리스도를 받아들이는 것을 상상해 봅시다. 죽을 때 그 혼은 죽음을 이겨낼 것입니다. 그러나 그리스도 스스로도 메시지를 가져오는데, 공간이 극복되고 누군가 공간의 창조자로서 태양을 인식하는 법을 배울 때, 그리고 누군가 스스로 그리스도를 통해서 태양을 향하여 자리 잡고 있다는 것을 느끼며 살아 있는 태양으로 올라갈 때, 그 이후에 지구적이고 물리적인 것들은 사라지고 오직 에테르체와 아스트랄체가 그 곳에 남을 것이라는 점입니다.[13] 그러면 에테르체는 생명을 가지게 되며, 더 이상 하늘의 푸르른 넓은 공간으로서가 아닌, 우주의 심홍색[crimson-red, 深紅色, 역자 주 : 슈타이너는 자신의 학문이 지적으로 이해되어야

할 뿐만 아니라 감정으로도 이해되어야 하며, 이때 예술의 역할이 무척 중요하다고 보았다. 특히 색과 음은 깊이 내면적으로 수용되어 도덕적으로 체험될 수 있으며, 그런 예술적 창조행위가 영과 혼을 이해하는 데 도움을 줄 수 있다고 보았던 것이다. 또한 색채의 내적 본성을 이해함으로써 미래의 시대를 예견할 수 있다고 언급한다(루돌프 슈타이너, 양억관 · 타카하시 이와오 역, 『색채의 본질』, 물병자리, 2000, pp. 97-115 참조).]의 어렴풋한 빛의 광휘를 지니게 됩니다. 그리고 이런 불그스레한 빛의 별들은 더 이상 아래의 우리를 향하여 반짝반짝 빛나지 않고, 그들의 애정 어린 감화력으로 온화하게 우리에게 접촉합니다.

만약 진정으로 우리가 모두 이 빛으로 들어간다면 우리는 지구에 의존하고 있는 자신을 경험하게 되는데, 그러나 육체는 제거되어 있습니다. 에테르체는 여전히 우리와 함께 있는데, 그러나 심홍색 빛의 흐름은 우리를 관통하거나 밖으로 흘러나옵니다. 별들은 더 이상 빛의 지점이 아니라, 인간의 애무하는 손과 같은 사랑의 방사체들입니다. '우리 자신 안의 그 신성함, 우리 내부에서 가장 중요한 존재로서 타오르는 신성한 우주의 불, 에테르체의 세상 안의 우리 자신, 아스트랄체의 광휘가 우주를 통하여 흘러나오는 영의 살아있는 표현', 우리가 이 모든 것을 느낄 때 그러면 거기에서, 우주 안에서 인간의 고차적 외침인 영적 광휘의 내면의 경험으로서의 생명이 우리 내부에 발생합니다.

그리스도가 이런 것들을 그들에게 계시하고 그들은 그

계시(revelation, 啓示)를 자신의 존재 내로 충분히 깊이 가라앉히면, 그것의 영향력은 성령 강림절의 불의 혀들을 통하여 그들에게 명백해지는 것입니다. 우선 그들은 떨어져 나가는 것, 즉 죽음으로써 지구적이고 육체적인 것의 버림을 경험합니다. 그러나 그 이후에 그들은 느꼈습니다.

"이것은 죽음이 아니다."

지구의 육체적인 본성을 대신하여 이제 우리는 우주의 영적 자아를 대신하여 이해하기 시작합니다.[14)]

별들의 언어는 우리에게 크리스마스, 부활절, 그리고 성령 강림절의 세 가지 관념을 통하여 말합니다. 크리스마스의 관념을 통하여 지구는 전체적인 우주에 속한 행성별이라는 것을 말하고, 부활절의 관념을 통하여 별들 중 가장 빛나는 별인 태양은 우리에게 은총의 선물들(gifts of grace, 역자 주 : 성령을 말하는 것으로 보인다.)을 준다는 것을 말하고, 성령 강림절의 관념을 통하여 별들이 혼을 향하여 빛나는 것의 저쪽에 감추어져 있는 것, 그리고 성령 강림절의 불의 혀들을 통하여 혼으로부터 외부로 빛나는 것을 말하고 있는 것입니다 … .

# 4 인간의 자유와 언어

## 남자와 여자의 죄

「창세기」 3장 1절-19절

**1**. 여호와 하나님이 지으신 들짐승 중에 뱀이 가장 간교하더라 뱀이 여자에게 물어 가로되 하나님이 참으로 너희더러 동산 모든 나무의 실과를 먹지 말라 하시더냐

**2**. 여자가 뱀에게 말하되 동산 나무의 실과를 우리가 먹을 수 있으나

**3**. 동산 중앙에 있는 나무의 실과는 하나님의 말씀에 너희는 먹지도 말고 만지지도 말라 너희가 죽을까 하노라 하셨느니라

**4**. 뱀이 여자에게 이르되 너희가 결코 죽지 아니하리라

**5**. 너희가 그것을 먹는 날에는 너희가 눈이 밝아 하나님과 같이 되어 선악을 알 줄을 하나님이 아심이니라

**6**. 여자가 그 나무를 본즉 먹음직도 하고 보암직도 하고 지혜롭게 할 만큼 탐스럽기도 한 나무인지라 여자가 그 실과를 따먹고 자기와 함께 한 남편에게도 주매 그도 먹은지라

**7**. 이에 그들의 눈이 밝아 자기들의 몸이 벗은 줄을 알고 무화과나무 잎을 엮어 치마를 하였더라

**8**. 그들이 날이 서늘할 때에 동산에 거니시는 여호와 하나님의 음성을 듣고 아담과 그 아내가 여호와 하나님의 낯을 피하여 동산 나무에 숨은지라

**9**. 여호와 하나님이 아담을 부르시며 그에게 이르시되 네가 어디 있느냐

10. 가로되 내가 동산에서 하나님의 소리를 듣고 내가 벗었으므로 두려워하여 숨었나이다

11. 가라사대 누가 너의 벗었음을 네게 고하였느냐 내가 너더라 먹지 말라 명한 그 나무 실과를 네가 먹었느냐

12. 아담이 가로되 하나님이 주셔서 나와 함께 하게 하신 여자 그가 그 나무 실과를 내게 주므로 내가 먹었나이다

13. 여호와 하나님이 여자에게 이르시되 네가 어찌하여 이렇게 하였느냐 여자가 가로되 뱀이 나를 꾀므로 내가 먹었나이다

14. 여호와 하나님이 뱀에게 이르시되 네가 이렇게 하였으니 네가 모든 육축과 들의 모든 짐승보다 더욱 저주를 받아 배로 다니고 종신토록 흙을 먹을지니라

15. 내가 너로 여자와 원수가 되게 하고 너의 후손도 여자의 후손과 원수가 되게 하리니 여자의 후손은 네 머리를 상하게 할 것이요 너는 그의 발꿈치를 상하게 할 것이니라 하시고

16. 또 여자에게 이르시되 내가 네게 잉태하는 고통을 크게 더하리니 네가 수고하고 자식을 낳을 것이며 너는 남편을 사모하고 남편은 너를 다스릴 것이니라 하시고

17. 아담에게 이르시되 네가 네 아내의 말을 듣고 내가 너더러 먹지 말라 한 나무 실과를 먹었은즉 땅은 너로 인하여 저주를 받고 너는 종신토록 수고하여야 그 소산을 먹으리라

18. 땅이 네게 가시덤불과 엉겅퀴를 낼 것이라 너의 먹을 것은 밭의 채소인즉

19. 네가 얼굴에 땀이 흘러야 식물을 먹고 필경은 흙으로 돌아가리니 그 속에서 네가 취함을 입었음이라 너는 흙이니 흙으로 돌아갈 것이니라 하시니라

# 잃어버린 **언어***

'베를린' 에서 1905년 6월 5일에 성령 강림절에 행해진 강연 중 발췌

오직 인간만이 입으로 말할 수 있고 그들의 행동들에 대한 선택의 자유를 가진다. 우리가 지닌 이런 두 가지 능력은 영의 불꽃으로서, 한때 분리되었던 영의 우주적 불꽃과 다시 공명이 필요하다. 그 이후에 우리의 언어는 복음(the Word)의 힘과 재접속할 수 있다.

비유와 상징적 표현 가운데 이런 강연들을 통하여 우리는 다시 발견된, 역시 상징으로서의 이른바 잃어버린 세계에 대해서 논의하길 원합니다 … .

성령 강림절은 일찍이 기독교 내에 존재했던 우리 마음 깊은 곳의 존재에 대한 지각과 연결됩니다만, 그러나 기독교는 여러 서양의 교회들 내에서 그것을 점차적으로 상실하였습니다. 성령 강림절은 매해 새롭게 상기시켜야만 하는, 우리가 인간 혼의 자유라고 부를 수 있는 인간의 해방의 잔치입니다.

어떻게 인간은 우리가 인간의 자유라고 부르는 것, 즉 선과 악 사이에서 그것들을 구분할 수 있거나 선 혹은 악을 행할

* 베를린, 1905년 6월 5일, 『성전 전설』, 루돌프 슈타이너 출판부, 2002.

수 있는 능력을 실제로 발휘하게 되었던 것일까요? 여러분은 인간이 자신들이 오늘날 서 있는 단계에 도착하기 이전에 진화의 오랜 차례를 뚫고 통과했다는 것을, 그리고 우리가 이 진화의 중간 지점을 통과했다는 것을 알고 있습니다. 전체적인 진화의 과정에서 그 중간 지점은 대략 지금 우리의 시대에 선행하였던 아틀란티스 시대의 중간에 위치해 있습니다.[15)]

… 우리 인간들이 지구 진화의 중간 지점 이전에 소유하지 않았던 것은 선과 악의 선택에 대한 자유였습니다. 우리는 자연의 저열한 왕국들 안에서는 선과 악에 대해서 말할 수 없습니다. 광물이 결정화되길 원하는지 원하지 않는지와 같은 것은 논쟁하기 우스꽝스러운 것일 텐데, 왜냐하면 그것은 적절한 상황이 있다면 결정화될 것이기 때문입니다. 또한 백합에게 개화(開花)하길 원하는지 원하지 않는지, 또는 사자가 다른 동물들을 죽이고 먹는 것을 자발적으로 금할지 말지 물어보는 것과 똑같이 우스꽝스러운 것입니다. 우리 진화의 현재 단계에서는 오직 인간만이 '선택의 자유'에 대하여 말할 수 있는 것입니다. 오직 인간이 행동하는 것에 대해서만 우리는 선과 악 사이를 구분할 수 있는 능력을 생각할 수 있습니다. 악마 또는 루시퍼(Lucifer)가 이브(Eve)에게 나타나 그녀에게 지식의 나무에 달린 열매를 먹으라고 설득하는 유혹의 장면, 즉 인류의 타락[the Fall, 역자 주 : 'the Fall of Man'은 인류의 타락, 즉 아담(Adam)과 이브(Eve)의 원죄를 의미한다.]이라는 거대한 상징을 통하여 성경은 인간이 어떻게 이

능력을 얻게 되었는지 묘사하고 있습니다. 그 결과로서 인간은 자유 의지를 얻었고, 따라서 그의 진화 경로의 두 번째 단계로 올라타게 되었습니다. 그 진화상의 중간 지점 이전에는 우리는 자유에 대해서, 그리고 선과 악에 대한 인간의 능력에 대해서 오늘날 광물, 식물, 그리고 동물의 수준 이상을 기대할 수 없었습니다.

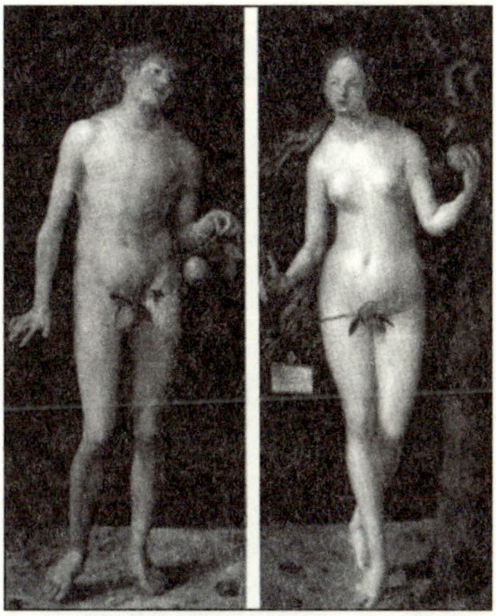

「아담과 이브」
뒤러(1471-1528) 작

육체적인 몸 안의 성부, 에테르체 안의 성자, 아스트랄체 안의 성령[16]으로 성령, 성자와 성부는 마치 지구에 매장되어 있는 듯합니다. 그러나 인간은 그의 자아[17]를 발달시켜 왔고, 자신을 자각하게 되었습니다. 이제 그는 서서히 바로 아래의 육체로 나아가는 것을 배워야만 합니다. 그것은 미래에 발달할 것입니다. 현재에 인간은 서서히 자신의 아스트랄체루 나아가는 중인데, 그런 상징이 의미하는 것은 인류를 위한 선구자나 모범이 되는 이들을 향하는 성령이 내려온다는 것입니다. 이 성령을 흡수하는 것은 우리 내부의 어떤 것인데, 그것은 성령과 유사한 것입니다.

성자가 효력이 있을 수 있게 되기 이전에 … 영의 우주적인 원리의 일부는 부서져야만 했고, 아래로 내몰려져야만 했으며, 다른 길들을 정처 없이 헤매야만 했습니다. 이것은 지식의 상징이자 루시퍼적(luciferic) 원리인 뱀(Serpent)으로 표현됩니다.[18] 그것이 우리를 자유로운 존재들로 만들었고, 우리 자신의 충동을 벗어나 선한 것을 욕구하는 것을 가능하게 했던 영의 불꽃입니다. 성령 강림절이라는 큰 잔치를 통해 인간에게로 내려오는 성령은 아래로 내몰려졌던 그 영과 유사하며, 그래서 프로메테우스의 형상으로 구체화됩니다. 이것은 불꽃을 화염으로 흩날리며, 그래서 우리의 자아는 그것이 뒤에 성자를 따르고 성부를 따를 것과 마찬가지로 성령을 따를 것을 결심할 수 있습니다. 인간은 확실히 악을 위한 능력을 발달시켰으나 다른 한편으로 이것은 그가 시작된 곳으로부터 신들의 세상으로 돌아가게 인도해 줄 존재의 대가입니다. 그것이 성령 강림절과 루시퍼적 원리 사이의 연결인 것입니다. 따라서 성령 강림절의 잔치는 또한 프로메테우스와 자유의 축제이기도 한 것입니다 … .

복음은 지구 내에 매장되어 있습니다. … 인간은 지구 밖으로 생명 없는 복음을 끌어올릴 것입니다. 그러나 먼저 영이, 복음이 인간의 내면에서 공명하는 것을 가능하게 하기 위하여 인간 안에서 머물러야만 합니다. 이것이 성령 강림절에 사도들에 의해서 이루어졌습니다. 길 위의 빛(Light on the path)에서 우리는 다음과 같은 말들을 찾습니다.[19]

"지식을 습득하라. 그러면 너는 언어(speech)를 가질 것이다."

언어는 진정한 지식에 부수되어 따르는데, 그것은 성스러운 성령 강림절에 사도들 위로 불의 혀들처럼 내려올 것입니다. 성스러운 우주적 복음과 유사한 내면의 언어가 모든 에테르체를 향하여 내려오고 생명력으로서 그것을 흡수하면, 그 이후 인간은 더 이상 그 스스로 단독으로 말하지 않고 성스러운 혼으로부터 말하는 것입니다. 그 이후에 그는 신의 사자(messenger, 使者)이며 그의 스스로의 자유 의지로서 내면의 언어를 나타냅니다.

따라서 내면의 언어는 사도들 내부에 살아 있게 되며, 사도들은 그것의 영향력을 자신으로부터 외부로 펼칩니다. 그들은 불의 복음을 선포하고, 신의 사자로서의 역할에 대해 자각합니다. 따라서 성령은 불의 혀들 같은 형태로 그들 위를 맴돌고 있습니다. 그들은 인류가 신의 말씀(Logos)을 받아들이게 준비합니다. … 한 번 이것이 일어나면 그리스도의 원리는 인간에게로 끌어당겨질 것입니다. 이것은 입회자들이 다소 헤라클레이토스[Heraclitus, BC 540?-BC 480?, 역자 주 : 에페소스 출생의 그리스의 철학자로 "만물은 유전(流轉)한다"고 말했다.]처럼 다음과 같이 말했을 때 그들 역시 마음 속에 가지고 있던 것입니다.

"지구로부터 벗어나 만일 여러분들이 불멸하는 신앙과 함께 자유로운 에테르체를 향해 오르면 여러분들은 죽음과 육체로부터 자유로운 영원의 영이 된다…."

우리는 깊은 진리들이 이 잔치들에 지혜를 심어놓았다는 것을 깨닫고 성령 강림절을 가장 경축해야 합니다. 잔치를 경축한다는 것은 영 안에 있는 자신과 우주적 영의 진정한 결합을 의미하는 것입니다.

## 베드로의 부인(否認)

「누가복음」 22장 54절 - 62절

**54**. 예수를 잡아 끌고 대제사장의 집으로 들어갈쌔 베드로가 멀찍이 따라가니라

**55**. 사람들이 뜰 가운데 불을 피우고 함께 앉았는지라 베드로도 그 가운데 앉았더니

**56**. 한 비자(婢子)가 베드로의 불빛을 향하여 앉은 것을 보고 주목하여 가로되 이 사람도 그와 함께 있었느니라 하니

**57**. 베드로가 부인하여 가로되 이 여자여 내가 저를 알지 못하노라 하더라

**58**. 조금 후에 다른 사람이 보고 가로되 너도 그 당이라 하거늘 베드로가 가로되 이 사람아 나는 아니로라 하더라

**59**. 한 시쯤 있다가 또 한 사람이 장담하여 가로되 이는 갈릴리 사람이니 참으로 그와 함께 있었느니라

**60**. 베드로가 가로되 이 사람아 나는 너 하는 말을 알지 못하노라고 방금 말할 때에 닭이 곧 울더라

**61**. 주께서 돌이켜 베드로를 보시니 베드로가 주의 말씀 곧 오늘 닭 울기 전에 네가 세 번 나를 부인하리라 하심이 생각나서

**62**. 밖에 나가서 심히 통곡하니라

## “항상 함께 있으리라”

「마태복음」 28장 18절-20절

**18**. 예수께서 나아가 일러 가라사대 하늘과 땅의 모든 권세를 내게 주셨
으니
**19**. 그러므로 너희는 가서 모든 족속으로 제자를 삼아 아버지와 아들과
성령의 이름으로 세례를 주고
**20**. 내가 너희에게 분부한 모든 것을 가르쳐 지키게 하라 볼찌어다 내가
세상 끝날까지 너희와 항상 함께 있으리라 하시니라

# 공허한 문장에서 **살아 있는 복음으로***

'슈투트가르트'에서 1919년 6월 8일에 행해진 강연 중 발췌

> 주로 교육체제의 문제를 언급하고 있는 이 발췌문에서 슈타이너는 다소 격양된 목소리로 텅 빈 단어들과 무의미한 미사여구를 늘어놓는 것을 비난한다. 미사여구를 동원하여 영혼이 중요하다고 말한다고 해도 그것이 실제적인 변화나 행동의 힘을 지니지는 못한다는 것이다.

오늘날 복음의 하찮음과 '태초에 그 행위가 있었다'에 대하여 많은 이야기들이 떠돌고 있습니다. 나의 소중한 친구들이여. 우리의 시대는 심지어 복음의 그릇된 사용법을 찾고 있습니다. 복음은 단지 재잘거리는 문구가, 행위는 단지 생각 없는 잔인함이 되어버렸습니다. 우리의 시대가 복음으로부터 멀어지는 데는 충분한 이유가 있는데, 왜냐하면 그것은 복음 안에서 오직 공허한 문장만을 찾을 수 있을 뿐이고, 복음이 전하는 행위는 분별없는 잔인함이 되었기 때문입니다….

* 슈투트가르트, 1919년 6월 8일, 「SA48 : 루돌프 슈타이너 도서관 기록 보관소에서 타이프로 친 원고」, 런던.

우리는 말을 할 때 참으로 우리를 고무시킬 수 있는 것으로 자신의 혼을 채워야만 합니다. 우리는 가슴이 입을 통하여 말할 수 있는 길을 찾아야만 합니다. 또한 우리의 말이 우리의 전체적인 존재에 스며들기 위한 길을 찾아야만 합니다. 그렇지 않으면 말은 우리가 의무를 저버리게 할 것이고, 우리를 환상으로 유혹할 것이며, 우리가 실재성의 중력으로부터 멀어지게 꾀어낼 것입니다. 우리는 신이 모든 것을 잘 되게 하실 것이고, 우리를 악으로부터 늘 구해 줄 것이라고 말함으로써 삶의 성실함으로부터 멀어지게 하면서 단지 우리를 교회로 유혹하기만 하는 그런 태도를 영원히 버려야만 합니다. 세계의 진화 동안 우리를 위해 사용할 목적으로 뿌린 성스러움으로서의 힘을 위하여 우리는 자신의 내면을, 스스로의 혼의 내면을 보아야만 하는데, 그러면 우리는 자신의 개인적 혼으로 신을 받을 수 있습니다. 우리는 우리의 혼들이 필리스틴 사람들[philistine, 역자 주 : 사전적 의미로 ① 필리스틴(블레셋) 사람 – 옛날 팔레스타인(Palestine) 서남부에 살며 이스라엘 사람을 괴롭힌 민족, ② 속물, 실리주의자, 교양 없는 사람, ③ 잔인한 원수. (익살적으로 쓰여 집달리, 비평가 등)을 의미한다. 종합해서 말하자면 이 용어는 교양 없는 사람의 대명사로 쓰인다.] 소파 위에서 게으른 응답에 놓여 있는 것을 허용하거나 영적 삶이 위태로울 때 언제나 너무 맹목적인 어떤 외부적인 신에 대해 설교하는 것을 경청해서는 안 됩니다 ….

우리의 시대가 지금도 여전히 숭배하는 '법의 정신'은

로마인들을 위한 선이었습니다. 무엇을 위한 법의 정신이었을까요? 어떤 깊은 의미가 로마 기원의 전설에 감추어져 있습니다.[20] 짐승들은 최악의 동물-인간 본성들과 싸우기 위하여 한데 모아져 있었습니다. 거친 동물들을 함께 모아놓기 위한

「로물루스와 레무스」
루벤스(1577-1640) 작

것, 그것이 로마의 법률들이 있던 이유입니다. 그러나 우리는 인간이 되었다는 것을 이해해야만 하며, 그래서 짐승 같은 인간 충동들을 길들이기 위하여 합리적인 로마의 본성으로부터 비롯된 법의 정신은 숭배하지 말아야 하는 것입니다. 우리의 법률을 존중하는(legalistic) 구조 속에서 오늘날에도 여전히 유행하고 있는 로마 정신은, 거친 인간의 충동들을 일반적으로 억제하려고 하고 또한 그것들이 존재로부터 자유롭게 되려는 것을 막으려고 합니다 ….

오늘날 성령 강림절의 영에 관하여, 만일 영이 품어지고 경작되지 않는다면 그것은 떨어지기 위한 더 비옥한 토지를 찾을 것이라고 누구도 쉽게 말할 수 없습니다. 이 성령 강림절의 영이 모든 측면들에서 어떻게 오해되는지 볼 수 있는 많은 기회가 있습니다. … 사람들은 생각해야 한다는 당위를 원하지 않습니다. 그들은 아름다운 문구들을 발언하기를 좋아하지만 …

그러면서도 자신들의 생각이 행위가 되는 것을 원하지는 않습니다. 그리고 누구든지 자신들의 말들을 신중하게 받아들이는 사람을 맹렬하게 공격합니다… .

믿을 수 없는 말들은 세상에 대한 종교적인 재잘거림입니다. 잔인하고 반정신적인 행위는 군국주의이며, 우리 시대의 가장 근본적인 악입니다. 어떤 이가 얼마나 철저하게 이 두 가지 것들이 우리의 그릇된 교육적 삶에 스며들어 있는지 깨달을 때까지 그 사람은 무엇이 선행되어야 하는지 효과적으로 생각할 수 없습니다. 모든 다른 것들은 단순하게 가짜 요법(quack remedy)입니다.

나의 친구들이여! 영의 긍정은 행해져야 하는 것이 틀림없고, 완전한 실제성에 기초해야만 하는 것이며, 그러면 그것은 내부에 영을 낳습니다. 반면에 영의 부정은 모든 것을 부조리하게 만듭니다… .

오늘날 어떤 이가 인류는 새로운 방법들로 생각하는 것을 배워야만 한다고 말할 때, 사람들은 기껏해야 그 사람이 자신들이 사용하는 것과 같은 언어를 사용한다고 믿습니다. 그리고 그들은 즉시 그것을 단순한 언어들과 유토피아들로 변환시킵니다. 그러나 어떤 인기 있는 웅변가가 인류는 '새로운 수업을 배워야' 만 한다고 말하는 것과 인간의 인위적인 습관과 얕은 사고가 그런 그릇된 사고들의 심각성을 일으켰으며, 이것들은 인간 신경 체계의 바로 그 구조를 향해서도 영향력을 뻗는다는 것을 알고 있는 누군가가 말하는 것은 확실히 차이가 있습니다. … 예를 들어 언어와 실제성 사이를 구분하지 못하는 어떤 이가 당신에게 오늘 지역 신문의 사설을 참조하여 다음과 같이 말할 수 있습니다.

> "보시오. 누군가 다른 사람 또한 '인간을 위한 새로운 시작' 에 대해 설교하고 있는 중이오."

그러나 그것은 언어들과 비교할 문제가 아닌데, 왜냐하면 그러면 우리는 언어 숭배에 빠지기 때문입니다. 오늘날 우리는 실제성을 볼 필요가 있으며, 그리고 우리 스스로를 단순한 언어 숭배에 굴복하는 것으로부터 보호해야 합니다. … 성령 강림절의 잔치는 단순한 언어를 경멸하기 위한 훈계와 실제성과의 재약속을 인간의 혼으로 부어야만 합니다. 과학, 미술, 종교의 영역에서 사실 여러분이 향하는 어디에라도, 사람들은 잘 말하지도 못하고(stick in the throat) 전체적 인류의 실제성을 포함하지 못하면서도 복음에 대해 말합니다 … .

우리는 오늘날 너무나 넓게 펼쳐진 환영에 대한 사랑과 투쟁해야 할 필요가 있습니다. 많은 이들은 그들이 실제성에 대하여 스스로를 속일 수 있을 때 편안함을 느낍니다. 내 안의 힘을 자극하고 내 안의 강력한 힘들을 해방시키는 그리스도 대신에 그들은 그리스도는 자신들의 외부에 있다고, 그리고 그들에게 노력해야만 한다거나 스스로의 힘에 의존하지 않고서도 자비롭게 그들을 죄로부터 자유로이 해준다고 공언합니다.

특별하게도 만일 어떤 이가 단어들을 재잘거리는 것으로부터 씨앗을 맺는 복음으로, 즉 진실한 성령 강림절의 영으로 가길 원한다면, 그러면 그는 그가 실제적이고 새로운 개념들로 만들기를 원하지 않는 것은 무엇인지, 여전히 낡은 개념들에 의존하면서 이해 없이 우리가 재잘거릴 수 있는 것은 무엇인지 보기 위하여 되풀이해서 진실하게 자기 스스로의 습관적인 개념들을 시험해야만 합니다… .

현재의 경제적인 질서는 공장들과 자본주의 체제를 위하여 무산 계급(proletariat)을 이용해 왔는데, 자신들의 지위, 소득, 연금에 대하여 너무나 집착하여 매달리면서도 생각하기를 원치 않는 중산 계급들을 위하는 것보다 이런 무산 계급의 사람들을 위하여 이 시대의 실제적인 요구들을 이해시키는 것이 더 쉬울 것입니다. 행동을 위한 사고의 씨앗들의 제안을 대신하여[21] 미사여구를 늘어놓는 것과 재잘거림을 모두 거부하는 움직임이 발생하였을 때, 사람들은 그것을 단순한 문구 이상의 다른 어떤 것으로 인정하지 않을 수 있습니다. … 물론 오늘날 존재하는 경제적인 압박들은 사회 유기체(the social organism) 내의 무시무시한 분화가 원인입니다. 그러나 지금 지위를 위한 경합과 최악의 종류의 관료제도로서 이것이 계속될 수 있겠습니까? 비록 조금 늦었다 할지라도 지금 그들이 더 이상 '왕좌와 교회의 제단' 에 의존할 수 없다는 것을 최종적으로 배운 사람들은 같은 방법으로 국고(the state treasury, 國庫)와 국가 예산(the state budget)에 의존하는 것이 조금이라도 더 안전할 것이라고 실제로 믿습니까? 자본주의는 꾸준히 교회의 제단에 대한 존경을 현금에 대한 존경으로 바꾸는 것을 계속해 왔습니다. 허위의 사회주의 역시 더 이상 존재하진 않지만 텅 빈 문구 속에 남아 있는 힘에 대한 허위의 존경이 집단적 맹신과 집단적 계급제로 어떻게 변하는지 알게 될 것입니다.

오늘날 영의 재생을 위하여 인간에게 필요한 것은 영적인 인간의 삶은 한편으로는 종교적 재잘거림이 되어버렸으며, 다른 한편으로는 생각 없고 야만적인 군국주의가 되어버렸다는 것을 깨닫는 용기입니다. 이 현대의 자본가 시대에서 오늘날의 전형적인 시민은 자신의 개인적 연금을 세는 일에 관여하고 있을 때, 또 그가 그렇게 실제성들로부터 눈을 돌리고 있을 때, 그렇게 함으로써 만들어지는 것에 가장 편안함을 느낍니다. 한편으로 복음은 단지 어떤 이의 이웃과 형제로서의 감정들 중 사랑에 대한 재잘거림이 되지만, 반면에 거기에 앉아 있는 어떤 사람은 그의 연금 교환권을 잘라내고 있는 중이며, 동시에 형제로서의 사랑도 그의 가위들로 그렇게 잘라내고 있는 중입니다….

성령 강림절을 경축할 때, 오늘날 교육과 학교들을 갱생하기 위하여 필요한 것들과 관련하여 이런 것들은 반드시 말해져야만 하는 내용입니다. 여러분들이 어디에서나 듣는 살살 녹이는 말은 차지할 자리가 없습니다. 사람들은 오늘날의 실제성들로부터 나타나는 말들에 대해 경청할 필요가 있습니다. 그 이후에 진정한 성령 강림절의 영이 우리들 사이로 내려오는 것과 미래에 영의 해방된 삶으로부터 발생할 작은 불의 혀들이 모든 것에 미치는 것이 가능할 것이고 … 그래서 미래에 해방된 영은 진정한 성령으로서 인간의 영적 발전이 더 나아가게 할 수 있습니다.

이 말들은 어쩌면 오늘날의 종교적인 재잘거림을 정확하게는 '기독교'라고 간주하지는 않을 어떤 것입니다. 그러나 인류는 기독교도가 베드로[St. Peter, 역자 주 : 본명은 시몬이며 직업은 어부였고 결혼을 했던 유일한 사도이다. 천국의 열쇠를 상징하는 커다란 열쇠 두 개를 든 모습으로 자주 표현되며, 그의 예수 부인(否認)을 의미하는 수탉과도 함께 표현되는 경우가 있다. 로마에서 십자가에 거꾸로 매달려 처형되었다.]가 자신의 주인을 세 번 부인함으로써 그 시대의 사람들의 영에서 시작되는 것을 언급하는지의 여부와 영으로부터 다음과 같은 말이 나타나는지의 여부와 관계없이 결심해야만 할 것입니다.

"나는 종말의 시간까지 너와 함께 하겠다."

오히려 기독교 내에서도 오늘날 단지 과거의 영만을 들을 수 있는 사람들은 의미 없는 미사여구를 늘어놓는 사람(phrase-maker) 혹은 수다쟁이가 될 것입니다. 오늘날 살아 있는 영을 받아들이고 사회의 변형과 재생 안에서 그것을 실제로 만드는 이들은 그들 중에서 어떤 이는 진정한 그리스도가 나타나는 것을 볼 수 있는 이들이 될 것입니다.

## 세례자 요한과 예수의 세례받음

「요한복음」 1장 19절-34절

**19**. 유대인들이 예루살렘에서 제사장들과 레위인들을 요한에게 보내어
네가 누구냐 물을 때에 요한의 증거가 이러하니라
**20**. 요한이 드러내어 말하고 숨기지 아니하니 드러내어 하는 말이 나는
그리스도가 아니라 한대
**21**. 또 묻되 그러면 무엇, 네가 엘리야냐 가로되 나는 아니라 또 묻되 네
가 그 선지자냐 대답하되 아니라
**22**. 또 말하되 누구냐 우리를 보낸 이들에게 대답하게 하라 너는 네게
대하여 무엇이라 하느냐
**23**. 가로되 나는 선지자 이사야의 말과 같이 주의 길을 곧게 하라고 광
야에서 외치는 자의 소리로라 하니라
**24**. 저희는 바리새인들에게서 보낸 자라
**25**. 또 물어 가로되 네가 만일 그리스도도 아니요 엘리야도 아니요 그 선
지자도 아닐찐대 어찌하여 세례를 주느냐
**26**. 요한이 대답하되 나는 물로 세례를 주거니와 너희 가운데 너희가 알
지 못하는 한 사람이 섰으니
**27**. 곧 내 뒤에 오시는 그이라 나는 그의 신들메 풀기도 감당치 못하겠노
라 하더라
**28**. 이 일은 요한의 세례 주던 곳 요단 강 건너편 베다니에서 된 일이니라

**29**. 이튿날 요한이 예수께서 자기에게 나아오심을 보고 가로되 보라 세상 죄를 지고 가는 하나님의 어린양이로다

**30**. 내가 전에 말하기를 내 뒤에 오는 사람이 있는데 나보다 앞선 것은 그가 나보다 먼저 계심이라 한 것이 이 사람을 가리킴이라

**31**. 나도 그를 알지 못하였으나 내가 와서 물로 주는 것은 그를 이스라엘에게 나타내려 함이라 하니라

**32**. 요한이 또 증거하여 가로되 내가 보매 성령이 비둘기같이 하늘로서 내려와서 그의 위에 머물렀더라

**33**. 나도 그를 알지 못하였으나 나를 보내어 물로 세례를 주라 하신 그이가 나에게 말씀하시되 성령이 내려서 누구 위에든지 머무는 것을 보거든 그가 곧 성령으로 세례를 주는 이인 줄 알라 하셨기에

**34**. 내가 보고 그가 하나님의 아들이심을 증거하였노라 하니라

## 사울의 개종

「사도행전」 9장 1절-22절

**1**. 사울이 주의 제자들을 대하여 여전히 위협과 살기가 등등하여 대제사장에게 가서

**2**. 다메섹(Damascus) 여러 회당에 갈 공문을 청하니 이는 만일 그 도를 좇는 사람을 만나면 무론 남녀하고 결박하여 예루살렘으로 잡아 오려 함이라

**3**. 사울이 행하여 다메섹에 가까이 가더니 홀연히 하늘로서 빛이 저를 둘

러 비추는지라

4. 땅에 엎드러져 들으매 소리 있어 가라사대 사울아 사울아 네가 어찌 하여 나를 핍박하느냐 하시거늘

5. 대답하되 주여 뉘시오니이까 가라사대 나는 네가 핍박하는 예수라

6. 네가 일어나 성으로 들어가라 행할 것을 네게 이를 자가 있느니라 하시니

7. 같이 가던 사람들은 소리만 듣고 아무도 보지 못하여 말을 못하고 섰더라

8. 사울이 땅에서 일어나 눈은 떴으나 아무 것도 보지 못하고 사람의 손에 끌려 다메섹으로 들어가서

9. 사흘 동안을 보지 못하고 식음을 전폐하니라

10. 그 때에 다메섹에 아나니아라 하는 제자가 있더니 주께서 환상 중에 불러 가라사대 아나니아야 하시거늘 대답하되 주여 내가 여기 있나이다 하니

11. 주께서 가라사대 일어나 직가라 하는 거리로 가서 유다 집에서 다소 사람 사울이라 하는 자를 찾으라 저가 기도하는 중이다

12. 저가 아나니아라는 사람이 들어와서 자기에게 안수하여 다시 보게 하는 것을 보았느니라 하시거늘

13. 아나니아가 대답하되 주여 이 사람에 대하여 내가 여러 사람에게 듣사온즉 그가 예루살렘에서 주의 성도에게 적지 않은 해를 끼쳤다 하더니

14. 여기서도 주의 이름을 부르는 모든 자를 결박할 권세를 대제사장들에게 받았나이다 하거늘

15. 주께서 가라사대 가라 이 사람은 내 이름을 이방인과 임금들과 이스라엘 자손들 앞에 전하기 위하여 택한 나의 그릇이라

16. 그가 내 이름을 위하여 해를 얼마나 받아야 할 것을 내가 그에게 보이리라 하시니

17. 아나니아가 떠나 그 집에 들어가서 그에게 안수하여 가로되 형제 사울아 주 곧 네가 오는 길에서 나타나시던 예수께서 나를 보내어 너로 다시 보게 하시고 성령으로 충만하게 하신다 하니

18. 즉시 사울의 눈에서 비늘 같은 것이 벗어져 다시 보게 된지라 일어나 세례를 받고

**19**. 음식을 먹으매 강건하여지니라 사울이 다메섹에 있는 제자들과 함께 며칠 있을쌔

**20**. 즉시로 각 회당에서 예수의 하나님의 아들이심을 전파하니

**21**. 듣는 사람이 다 놀라 말하되 이 사람이 예루살렘에서 이 이름 부르는 사람을 잔해하던 자가 아니냐 여기 온 것도 저희를 결박하여 대제사장들에게 끌어 가고자 함이 아니냐 하더라

**22**. 사울은 힘을 더 얻어 예수를 그리스도라 증명하여 다메섹에 사는 유대인들을 굴복시키니라

# '진리는 너를 자유롭게 해줄 것이다'*

'함부르크' 에서 1910년 5월 15일에 성령 강림절에 행해진 강연 중 발췌

인류의 진화하는 미래에 대한 포괄적인 전망 속에서 슈타이너는 성령 강림절은 복음을 언제나 새롭게 하는, 또 생생한 영이 개별적인 인간을 다른 모든 인간들과 접속시키는 잔치라는 것을 강조하기 위하여 이 책의 다른 강연들의 맥락을 여기로 모두 한데 모은다. 우리가 말을 할 때 그 말들은 물론 숨을 쉬는 과정 속에서 나온다. 그리고 성령 강림절의 '돌진하는 강력한 바람' 은 우리 모두가 공유하는 대기 속의 활동적이고 통합적인 힘의 상기자이며, 또한 만일 우리가 복음을 받아들인다면 그것은 우리의 개인적인 언어들 가운데 살아 있게 된다.

잔치들은 우리의 사고들과 감정들을 과거로 향하게 하는 기억의 횃불입니다. 그것들의 의미는 우리 안에서, 우리와 먼 시대들에서 우리의 혼이 성스러운으로 붙들고 있던 모든 것을 연결시키는 사고들을 일깨웁니다. 그러나 인류의 미래, 즉 우리 스스로의 혼의 미래에 대한 사고들 역시 우리 안에서 우리가 이런 잔치들의 내용을 이해하였을 때 눈떠지게 되는 것입

* 함부르크, 1910년 5월 15일 성령 강림절, 『잔치들과 그 의미』, 루돌프 슈타이너 출판부, 2002.

니다. 미래에 대한 의욕의 감정들은 우리 안에서 일깨워지고, 이상들은 우리의 의지를 고무시킵니다. 그 의지는 우리에게 미래의 과업을 보다 많이 완수하는 방향으로 책임맡을 수 있는 힘을 줍니다.

성령 강림절 잔치를 잘 이해하기 위해서, 우리의 시선을 과거로 거슬러 올라가는 것과 미래를 향해 진척해 나아가는 것 양자 모두로 향하도록 합시다. 서구 인류를 위한 그것의 깊은 중요성은 우리 모두가 잘 알고 있는 그 강력한 영상을 통하여 우리에게 명백하게 드러날 수 있으며, 그리고 그 영상은 우리에게 혼의 심원함에 대해서 말합니다. 골고다의 기적을 이행하였던 기독교의 서임자(inaugurator, 敍任者)이자 창시자인 그리스도는 그를 인식할 수 있었던 저들 사이에서 그가 그때 취하고 있던 육신의 모습으로 한동안 거주하였습니다. 이어지던 사건들은 우리에게 있어 중요한 일련의 이미지들로 제시되었습니다. 강한 시각으로 보면 승천이라고 알려진 것은 그의 가장 가까운 제자들이 그리스도가 골고다의 기적 이후에 취했던 육체적 형태의 흩어짐을 보았던 것입니다. 그리고 10일 이후에 또 하나의 영상을 통해 우리에게 표현되어진 것이 이어졌으니, 그것은 모든 가슴들에게 그것을 이해하기 위한 의지와 더불어 강력하게 말하고 있습니다. 그를 처음으로 이해했던 그리스도의 제자들이 함께 모였습니다. 그들은 가슴 깊숙이 그리스도를 통하여 인간의 진화에로 들어온 그 강력한 자극을 느꼈습니다. 깊고 깊은 신앙심에서 그들의 유서 깊은 잔치인 성령 강림절에 함께 모여 그들은 자신의 혼 안에서 이행되어질 그 약속된 사건들을 기대하며 기다렸습니다. '돌진하는 강력한 바람'으로 묘사된 것은 그들의 혼을 고차적 시각으로 고양시킬 것입니다. 그들은 이미 발생한 것들, 그들을 기다리고 있을 것들로 눈을 돌릴 것을 요구받았으며, 그들이 자신의 가슴을 향해 받았던 그 불의 자극과 더불어 구체화된 미래의 지구에 살고 있습니다.

이어서 혼은 각각의 제자들의 머리 위로 하강하는 '불의 혀들'의 영상으로서 제시됩니다. 여기에서 또 하나의 거대한 시각이 그들에게 이 충격적 미래를 드러냅니다. 함께 모여 영 안에서 영의 세계를 보는, 그리스도를 처음으로 이해했던 이 사람들은 그들이 사람들에게 지리학적 공간상 인접해 있고 시간상 가깝다고 말하지 않았던 것처럼 느낍니다. 대신에 그들은 그들의 가슴이 멀리, 아주 멀리, 지구의 많이 다른 사람들과 국가들 사이에서 태어남을 느낍니다. 그들은 모든 언어들로 해석해 주는 무엇인가를 자신의 가슴에 살고 있는 것처럼 느끼는데, 그러면 인간의 가슴은 그것을 이해할 수 있을 것입니다. 그들 앞에 떠오르는 기독교의 미래에 대한 이 강력한 시각에서 이들 첫 번째 제자들은 그들 자신이 모든 지구인들 사이의 미래의 제자들에 의해 둘러싸여진 것처럼 느낍니다. 어느 날 그들은 자신들이 공간적 · 시간적으로 그들과 직접적으로 가까운 저들에게 뿐만 아니라, 그들이 만나는 미래에 지구에서 살아갈 모든 이들이 이해할 수 있는 단어들로 복음을 선포할 힘을 가진 것처럼 느낍니다. 이것은 내면의 혼의 내용이었으며, 첫 번째 기독교의 성령 강림절 잔치에서 이들 그리스도의 가장 초기의 제자들의 느낌이었던 것입니다.

「세례자 요한」
다빈치(1452–1519) 작

이제 이런 영상들에 대하여 그것들의 가장 깊숙한 비의적(esoteric, 秘義的)이고 기독교적인 의미의 해석을 고려해 보도록 합시다. 그 영, 또한 성령이라고도 바르게 명명된 그 영은 그것의 힘을 예수 그리스도가 지구로 첫 번째 내려옴을 통해 지구를 향하여 아래로 보내었습니다. 이것은 이어서 그리스도가 세례자 요한(John the Baptist, 역자 주 : 기원전 1세기 말에 팔레스타인 지방에서 예수 그리스도를 심판자로 묘사하는 설교를 하면서 사람들에게 세례를 준 예언자이자 세례자이다.)에 의해 세례를 받았을 때 명백해졌습니다. 그 이후 한번 더 이같은 영은 많은 단일한, 빛나는, 불의 혀들과 같은 또 다른 형태로서, 그리스도의 첫 번째 제자들 각각의 머리 위로 내려왔습니다.

우리는 성령 강림절 잔치에서 이 성령에 대하여 완전히 특별한 방향으로 말하였지만, 그러나 우리는 반드시 우리 마음속의 '성령'이라는 단어들의 의미를 깨끗하게 해야만 합니다.

그 단어들이 복음 내에서 사용되었던 것처럼 말입니다….

그리스도의 자극을 통하여 새로운 개념이 생겨났는데, … 그것은 인간의 공통된 종족적 영(common folk spirit)을 대신하는 어떤 것으로서, 그 개념이 종족적 영과 확실하게 관계되어 있는 것이라 할지라도 보다 고차적 단계에서 작동합니다. 초기의 영이 어떤 특정한 국가 혹은 민족과 연결되어 있기 때문에 인류 전체와 연결되어 있는 이 영은 다음과 같은 말할 수 있는 힘과 함께 인간에게로 스며들었습니다.

> "나는 더 이상 내가 단지 인류의 일부에만 속해 있다고 느끼지 않으며, 인류 전체에 속해 있다고 느낀다. 나는 모든 인류의 부분이며, 그리고 더욱 더 그것의 일부가 될 것이다."

우주적 인간의 특질로서의 이 힘이 인류 전체로 흘러 들어감을 통하여 이 힘은 성령에 속하는 것이라고 생각됩니다. 그러므로 '물려받은 것으로', 또 '어머니를 통하여 힘이 흐르는 것으로' 그 자체가 표현되는 그 영은 성령을 향하여 올려졌습니다.

그런 까닭에 우리는 이제 성령의 힘이란 각각의 개인을 차이점 및 다른 이들로부터 개인을 분리시키는 모든 것을 더욱 더 넘어서게 들어올리는 어떤 것이라는 점을 이해하며, 그래서 개인은 국적을 넘어 지구의 인류 전체의 회원이 되는 것입니다.

이것이 각각의 개인과 모든 개인들 사이에 영혼의 유대로서 작동하는 힘이며, 그들이 소유하고 있는 육체적 혹은 인종적 특징은 아무런 문제가 되지 않습니다….

세례자 요한에 의한 세례에서 영은 우리들 앞에서 비둘기[역자 주 : 신약성서의 4대 복음(마태복음, 마가복음, 누가복음, 요한복음) 모두에 전하는 이야기로서 예수 그리스도가 세례자 요한에게 세례를 받으니 성령이 비둘기의 형태로 내려왔다는 내용이다. 이 때문에 비둘기는 성령과 함께 하는 새의 의미를 지닌다.]의 이미지로서 있습니다. 그러나 이제 다른 영상이 나타나는데, 그것은 불의 혀들입니다. 세례자 요한에 의한 세례에서 성령은 한 마리의 비둘기라는 단독의 형태로서 명백히 나타났습니다만, 그것이 성령 강림절이라는 사건에서는 많은 하나의 혀들로 명백히 나타났던 것입니다. 그리고 이런 각각 하나의 불의 혀들은 개인들에게 영감을 가져다 주며, 여기서 개인들 각각은 그리스도의 첫 번째 제자들입니다.

이 성령 강림절의 상징이 우리의 혼을 위하여 가지고 있는 의미는 무엇일까요? 우주적 인간 혼의 사자(bearer, 使者)로서 지구에서의 그의 작업을 마무리지었던 그리스도는, 이후에 그의 지구상에서의 육신화(肉身化)의 모든 껍데기들이 흩어지게 허용하였고, 전체적이고 통합적인 지구의 영적인 정수로 들어갔으며, 오직 그 이후에야 그리스도의 자극을 이해했던 제자들은 그들의 가슴으로 존재가 그 도움 속에서 활동하고 있다는 것을 말할 가능성을 부여받을 수 있었습니다. 승천을 통하여 그리스도 자극 외부의, 지구상의 표시는 영의 세상의 하나의 전체성으로 사라졌습니다. 이어서 10일 이후 그것은 각각의 개인, 다시 말해 그리스도 자극의 첫 번째 추종자들의 개인적 가슴으로부터 다시 나타났습니다. 그리고 그리스도 자극의 힘으로 작동했던 같은 영이 이제 다수의 형태로 다시 나타났기 때문에 첫 번째 그리스도의 제자들은 그리스도의 메시지를 전하는 사자이자 설교자가 되었습니다.

기독교 역사의 시작에서 이 사건은 우리들에게 있어 강력한 표지이자 기호입니다. 이것은 바로 첫 번째 제자들 중 각각의 개인은 그리스도의 자극을 자신들에게 받아들였으며, 또 바로 그것을 그들의 혼 안에서 영감으로서의 불의 혀들과 같은 형태로 받아들였다는 것이 그들에게 승인되었다는 것을 우리에게 상기시킵니다. 그래서 우리들 모두는 우리가 그리스도의 자극을 이해하려고 노력하였을 때 그리스도 자극의 힘을 우리 스스로의 가슴에 개별적으로 받아들일 수 있으며, 또한 점점 더 그것에 의해 스며들게 되어 우리가 그것을 좀 더 완전하게 다루기 위한 힘을 받아들일 수 있는 것입니다. 더욱 더 우리는 자신을 완성하게 되었고, 성령이 우리 자신의 내면의 존재에게 말하고 있다는 것을 느낄 수 있게 되었습니다. 성령은 점점 더 우리의 사고, 느낌, 그리고 의지를 관통할 수 있게 되었으며, 또한 그것이 작동하는 한에서 각각의 단독적 인간 안의 개별적인 영이 되었습니다.

이 성령은 우리가 인간으로서 발전해 나가는 것을 가능하게 해주었고, 자유로운 인간 혼들이 되게 하였습니다. 자유의 영으로서, 첫 번째 성령 강림절에 그것은 기독교의 첫 번째 제자들을 통하여 흘러나왔습니다. 그리스도 스스로에 의해 지적되는 가장 중요한 특징으로서의 영은 그가 다음과 같이 말할 때의 그 영입니다.

> "너는 진리를 알게 될 것이고, 그 진리는 너를 자유롭게 할 것이다."

우리는 오직 영 안에서 자유롭게 될 수 있는 것입니다. 우리가 육체적인 본성에 매달려 있는 한, 그 안에 우리의 혼이 거주하고 있다 할지라도 우리는 육체적인 본성의 노예로 남아 있습니다. 오직 우리가 스스로를 영 안에서 재발견하게 될 때, 그리고 그 영이 우리 내부에 있는 것에 지배력을 얻음으로써 비로소 자유롭게 될 것입니다. 우리의 진실한 영은 우리가 성령이 우리에게 들어온 성령 강림절의 힘으로서 인식하고 있는 우주적 인간의 영으로서, 우리 안에서 태어나게 해야만 하고 드러나게 허용해야만 하는 것입니다.

따라서 성령 강림절의 상징은 우리들에게 있어 가장 강력한 인간의 이상들로 변형되며, 인간 혼의 발달은 이윽고 스스로 둘러싸인 자유로운 개인으로 변형됩니다 … .

우리가 내면적으로 우리 스스로를 스스로의 위로 끌어 올릴 수 있다고 느낄 때, 그 이후에야 우리는 이것을 실제로 만들 수 있게 노력할 수 있습니다. 그 뒤 우리는 우리 내면의 존재를 해방하려는, 말하자면 우리의 육체적 본성의 내면 존재에 대한 속박으로부터 그것을 깨끗이 빼내려는 의지를 가지게 될 것입니다. 물론 우리는 여전히 우리 외형의 자신에 거주하고 있지만 그러나 동시에 우리는 완전히 내면의 영적 힘에 대한 의식을 하게 되는 것입니다. 이런 순간에 이 내면의 혼의 부활절 잔치 속에서 우리는 스스로 자유로울 수 있다는 것을 점차 깨닫게 됩니다. 또한 성령 강림절의 잔치에 도달하기 위해 전진하든지 않든지, 우리가 육체적 본성이 아닌 영의 세계로서의 내용으로 그 자체를 자체 내에서 발견하는 영을 채울 수 있든지 않든지와 관계없이 우리가 결심할 수 있다는 것을 점차 깨닫게 됩니다. 이 영적인 내용만이 우리를 자유롭게 만들 수 있습니다. 그것이 그리스도가 말한 영의 진실입니다.

"너는 진리를 알게 될 것이고, 그 진리는 너를 자유롭게 할 것이다….”

그리스도의 자극은 자유의 자극입니다. 그것의 진정한 효과는 인간 혼의 외부에서 활동할 때 나타나는 것이 아니며, 오직 개인적인 인간 혼의 내부에서 활동할 때 나타나는 것입니다. 그래서 처음으로 그리스도를 이해했던 저들은 지금 그들 자신의 혼에 무엇이 살고 있는지 선언하기 위하여 성령 강림절 행사를 통하여 외쳤던 스스로를 느꼈습니다. 그들 자신의 혼의 계시와 영감을 통하여 무엇인가가 그들에게 그리스도의 가르침의 내용으로서 나타났습니다. 그들은 성령 강림절 잔치 전에 그들이 견디었던 성스러운 마음의 각오로 그리스도의 자극이 작동했다는 것을 깨달았습니다. 그들은 불의 혀들을 이야기하기 위하여, 또 그리스도의 복음을 선포하기 위해 앞으로 나아가기 위하여 내부에서 작동하는 그들 내부의 개체화된 성령으로서의 그리스도 자극의 힘을 통하여 외쳤던 스스로를 느꼈습니다. 그리스도가 그들에게 한 번 말했던 것으로서, 첫 번째 제자들이 그리스도의 언어로 인지했던 그것들은 간단한 단어들이 아니었습니다. 그들은 그리스도의 자극을 그 자체로서 느끼는 혼의 힘을 통해 발생하는 모든 것을 그리스도의 언어로서 인지하였습니다. 이것을 위하여 개인화된 형태로서의 성령은 각각의 단독적 인간 혼으로 흘러들어 가며, 그래서 각각은 자신의 내부에서 그리스도의 자극을 느낄 수 있는 힘을 개발해야 하는 것입니다. 그리스도가 다음과 같이 말할 때 그런 혼에 대하여 그리스도의 단어들은 새로운 힘과 의미를 얻습니다.

"나는 언제나, 심지어 세상의 끝에까지 함께할 것이다."

그런 까닭에 진심으로 그리스도의 자극을 경험하기 바라던 그들은 또한 그리스도의 자극이 그들의 가슴 속에 나타났던 것에 의해 새로이 그리스도의 복음을 선포하기 위한 부름을 느낄 것입니다. 그러나 그것은 각각의 이어지는 시대 안에서 새롭고 다르게 울릴 것입니다. 성령이 흘러나오지 않았으면 우리는 기독교의 처음 10년 동안 말해진 복음들의 몇 안 되는 단어들에 의존해야 하겠지만, 그런 과정을 통해 그리스도의 복음은 계속적으로 우리들에게 새롭게 말하는 것입니다. 인간 혼이 시대에서 시대로, 구체화에서 구체화로 진보할수록 그들은 그들에게 말해질 새로운 것을 필요로 합니다. 구체화에서 구체화로 전진하면서 우리의 혼들은 항상 단지 그리스도가 지구상에 육신으로 나타났던 시기에 언어들이 형체로 구체화되었던 때의 복음의 언어들만 들어야만 하는 것일까요? 그리스도의 자극은 지구 시간의 순환 끝까지 모든 이들에게 말할 힘을 내포하고 있습니다. 그러나 이것이 이루어지기 위해 그리스도의 메시지는 더욱 전진하는 인간 혼에게 그들에게 적절한 방법과 각각의 새로운 시대에 맞추어 울려퍼져야만 하는 것입니다. 그래서 우리가 성령 강림절 자극의 완전한 힘과 효력을 느낄 때, 우리는 또한 그리스도의 말씀들을 수행하는 것이 우리의 임무라는 것을 느껴야만 하는 것입니다.

"나는 언제나, 심지어 지구 시간의 순환의 끝에까지 함께

할 것이다."

그리고 당신이 스스로를 그리스도의 자극으로 채울 때 당신은 복음을 들을 수 있을 것이며, 그것은 기독교의 설립에서 그리스도를 통하여 왔고 모든 시대를 통하여 울려퍼질 것입니다. 그가 우리와 영원히 함께 할 것이기에 그리스도가 모든 미래 시대들에 대해 말한 그 복음, 그것을 들으려는 의지를 가진 이라면 모두 들을 수 있는 그 복음을 말입니다… .

그리스도는 지구로 내려왔는데, 왜냐하면 골고다에서의 행동의 힘이 육체적 몸 안에 거주하고 있는 인간들에게 영향을 주어야만 했기 때문입니다. 그러므로 처음에 그리스도의 힘은 오직 육체적 몸으로 구체화된 저들에게만 영향을 미칠 수 있었습니다. 우리가 지구에서의 삶에서 골고다의 기적의 힘을 향한 통찰력을 받아들였을 때, 그 이후에 이 자극은 작동을 계속할 수 있으며 사후에 우리 안에서 스스로를 완전하게 할 수 있는 것입니다. 그러나 삶과 죽음의 사이에서 오직 우리가 그것을 흡수한 만큼 우리 안에서 성숙될 수 있습니다. 우리는 그것을 보다 완벽하게 하기 위해 다시 지구로 돌아올 필요가 있습니다. 오직 지속적인 지구에서의 삶에서 우리는 그리스도의 자극 안에서 사는 모든 것을 이해할 수 있습니다. 만일 우리가 지구에서 단지 한때 살았다면 우리는 절대로 이해할 수 없었을 것입니다. 그러므로 이 자극은 반복적인 지구에서의 삶들을 통하여 우리를 이끌어야만 하는데, 왜냐하면 지구는 골고다의 기적의 의미 발견을 위한 장소이기 때문입니다.

그래서 기독교는 오직, 만일 우리가 그리스도의 자극과 이상을 한 번의 삶에서 이행할 수 있다는 억측을 또 다른 사고, 즉 이것은 오직 지구에서의 삶의 반복을 통하여 발생할 수 있다는 것으로 대체한다면 완성되는 것입니다. 우리가 지구에서 그것에 대해 경험하면 우리는 그 이후에 영적 세계로 되돌아갈 수 있습니다. 우리는 지구에서 우리가 그리스도의 자극에 대해 이해한 만큼 되돌아갈 수 있으며, 그리고 그것은 지구에서의 모든 삶을 위하여 가장 중요한 자극이기 때문에 지구에서 이루어졌어야만 하는 것입니다. 그 이후에야 우리는 영적 계시가 기독교에 더한 생각은 기독교 그 자체로부터 태어난 것으로, 바로 재생(reincarnation)이라는 것을 볼 수 있습니다. 우리가 이것을 이해하였을 때 우리는 우리들에게 있어 영의 과학을 통하여 획득되어진 것으로서의 성령 강림절 계시의 중요성을 깨닫게 되는 것입니다. 그런 자각은 우리에게 우리가 처음으로 그리스도를 이해했던 저들의 머리 위로 내려오는 '불의 혀들'의 힘의 계시로서의 부활을 경험할 수 있다는 것을 확신시킵니다….

이 세기가 끝나기 전에 열린 일종의 에테르 통찰력으로 인도할 새로운 힘들이 인간 혼 내에 발달할 것입니다. 마치 본성의 발달을 통해서와 같이 이것은 사도 바울(St. Paul, 역자 주 : 기독교의 사도로서 본명은 사울이며, '이방인의 사도'로서 알려져 있다. 최대의 전도자

「사도 바울」
엘 그레코(1541-1614) 작

이며 기독교 형성에 있어 중추적 인물이다.) 이 다마스쿠스(Damascus)에서 경험했던 사건[역자 주 : 현재 시리아의 수도로서, 아직 기독교에 입문하기 전의 바울이 기독교도들을 박해하려고 왔다가 이곳에서 성스러운 예수의 모습을 보고 스스로 뉘우쳐 독실한 사도가 되었다는 이야기가 신약성서 「사도행전」을 통해 전해 내려온다.] 같이 확실한 인간의 부활을 허용할 것입니다. 인간의 높아진 영적 능력들 때문에 그리스도는 에테르[22]의 외관으로 돌아올 것입니다. 증가하는 다수의 혼들은 바울이 다마스쿠스에서 경험했던 것을 공유할 것입니다. 그 이후 영의 과학이 알린 그리스도 자극의 부활되고 변형된 진실이 명백하게 세상에 드러나게 될 것입니다. 오직, 단호하게 스스로를 쏟았던 그리스도는 모든 미래 시대를 위한 살아있는 자원으로서 남아 있을 것이라는, 영적 삶의 새로운 흐름을 믿는 저 사람들만이 그 새로운 계시를 이해할 것입니다. 이것을 믿지 않길 원하는 누구든지 기독교의 구식 형태의 설교를 선택할 수 있을 것입니다. 그러나 성령 강림절 행사 내에서 믿고 그것을 이해하는 누구든지 또한 기독교의 복음이 절대 발전을 멈추지 않을 것이며, 늘 새로운 방법으로 다음과 같은 내용을 계속하여 인류에게 말할 것이라는 점을 알게 될 것입니다. 불의 혀들과 같은 성령의 개체화된 혼의 세계는 언제나 현재로 남아 있을 것이며, 그리고 언제나 새로운 불과 추진력을 통하여 인간 혼은 그리스도의 자극과 함께 그리고 그리스도 자극으로부터 살 수 있을 것이라는 내용을 말입니다.

「**사울의 귀의**(歸依)」
미켈란젤로(1475-1564) 작

우리가 진실하게 성령 강림절의 사고를 이해할 때 우리는 기독교의 미래를 믿을 수 있습니다. 그 이후 그것의 강력한 영상은 혼 그 자체 내에 존재하는 어떤 이(역자 주 : 그리스도를 의미하는 것으로 생각된다.) 같이 작동하는 강력한 힘을 가지고 우리 앞으로 옵니다. 그러면 우리는 성령이 첫 번째 제자들을 고무시켰던 때 그들이 느꼈던 것으로서의 미래를 느낄 수 있는 것입니다. 그저 우리가 기꺼이 삶과 우리의 혼으로 인류를 구분하는 모든 경계들을 뛰어넘는, 그리고 모든 혼들과 세상을 넘어 언어를 말하는 무언가를 가져오려고 하는 것만으로도 이해할 수 있을 것입니다. 우리는 성령 강림절의 사고 안에 놓여 있는 평화, 사랑, 그리고 조화의 힘을 경험할 수 있습니다. 그리고 우리는 이 성령 강림절의 의미가 이 잔치를 활기 있게 한다는 것을 느낄 수 있습니다. 우리는 그것을 자유와 영원성에 대한 우리 희망의 확신으로 느낄 수 있는데, 왜냐하면 우리는 개체화된 영이 우리의 혼 안에서 깨어 있음을 느끼며, 그것은 우리 안에서 그것의 가장 중요한 특질을 깨우기 때문이다. 그것은 바로 영의 끝나지 않는 삶입니다. 영 안에서 공유함에 의하여 우리는 자신의 불멸과 영원한 존재성을 의식하게 됩니다. 그리고 성령 강림절을 생각하면서 우리는 저 근본적인 언어들의 힘이 입문에 의해 입문 이후에도 전해진다는 것을 진정으로 깨닫게 되며, 그리고 그 근본적인 언어들의 힘은 우리들에게 지혜와 영원의 의미를 드러냅니다. 시대에서 시대로 전해오면서 이 언어들은 우리들에게 성령 강림절을 생각할 수 있게 해줍니다. 오늘날 처음으로 그것들은 숨김 없이, 그리고 제한 없이 울려퍼질 수 있으며, 그래서 모든 인간은 그것들 안에서 이해할 수 있고 공유할 수 있는 것입니다.

공간의 넓이에서 존재와 존재는 엮이며,
시간의 순환을 통하여 존재는 존재를 따릅니다.
오! 인간이여, 만일 당신이 공간의 넓이 안에,
시간의 순환 안에 남아 있다면 당신은 홀로 유한함 속에
살고 있는 것입니다.
그러나 당신의 혼이 예언과 앎을 통하여 영원성을
응시할 수 있을 때, 그러면 그것은 모든 공간과 시간을
넘어 힘차게 올라갈 것입니다.

# 매튜 바톤의 서문*

유대교와 기독교 전통 사이의 차이점 때문에 두 종교 간의 깊은 대응성과 공감대들, 유사점들이 감춰지곤 했다. 예를 들어 유대교 전통에서의 샤부옷(Shavu'ot · Shabuoth, 역자 주 : 유대력 1월 14일에 행하는 잔치 후 50일 째에 하는 유대교의 제사) 잔치는 기독교 전통에서의 성령 강림절(Pentecost, Whitsunday) 잔치와 매우 비슷하다. 유대인들에게 있어 '율법[the Torah, 역자 주 : 토라는 성서 중에서도 특히 구약의 첫 다섯 권, 즉 창세기부터 신명기까지를 의미한다. 모세가 주로 나오며, 저자 역시 모세라는 설이 있어 모세 5경이라고도 불린다. 유대인들은 이 토라를 성서에서 가장 중요한 부분으로 여겼다. 토라에 대해서 더욱 정확하게 말하자면, 그것은 유대인의 삶을 규정하는 613개의 계명 또는 금기를 의미하는 것으로 랍비들이 모

* 이 내용은 본래 매튜 바톤의 영문 번역서에서 맨 앞에 있던 것인데 책의 전체 내용을 읽은 이후에야 제대로 이해할 수 있는 내용이어서 역자들이 그 위치를 바꾸었음을 밝힌다.

세 5경을 세밀하게 파헤쳐 뽑아낸 것이다(아르눌프 지텔만 저, 구연정 역, 『교양으로 읽는 세계의 종교』, 위즈덤 하우스, 2006, pp. 179-183 참조). 탈무드는 이 토라의 율법을 확장시켜 만든 책이다.] 의 수여 의식', 또는 '신성한 가르침의 공동체' 이외에도 많은 특징 중 한 가지는 추수기의 '첫 수확물'에 대한 의식이다. 이 책의 많은 부분에서 루돌프 슈타이너는 꽃과 열매, 부활절의 열매로서 특별한 성령 강림절에 대해 언급한다. 성령(gift)이 보편적으로 모든 인류에게 주어질 때 맞이하는 성령 강림절의 정점은 '우리 중의 하나'로 분리되어 있는 개체로서의 개인이 지닌 통찰력의 씨앗을 원숙하게 한다. 이 정점의 순간은 나에게 대기로부터 이슬이 응축할 때의 '이슬점'을 떠올리게 하는데, 사실 성령 강림절의 전통에서 성령 강림절 미사 전에 이슬이 맺힌 목초지를 맨발로 통과한다든가, 동물에게 이 이슬에 적신 빵을 준다든가 하는 것은 익숙한 것이다.

이 책에서 슈타이너는 상상의 영상들을 통하여 씨앗의 힘에 대하여 많은 언급을 한다. 나는 이런 이슬과 열매의 이미지들을 좀 더 탐구하길 원하는데, 왜냐하면 그것들은 나에게 성령 강림절과 승천의 의미를 보다 뚜렷하게 설명하는 것처럼 보이기 때문이다.

이슬방울은 구형화(球形化)된 형체로 우주를 반영하고 같은 방법으로 거의 작은 태양 그 자체인 것처럼 빛과 광휘를 모은다. 「이슬방울 위에서」(*On a Drop of Dew*)라는 제목이 붙은 시에서 앤드류 마블(Andrew Marvel, 1621–1678)은 이슬방울이 어떻게 '순수하고 선회(旋回)하는 생각들을 통하여 보다 작은 하늘 속에 더 거대한 하늘을 표현하는지'를 적었다.

마블은 그 이슬방울을 인간의 혼에 비유하는데, 그것은 최초에 생긴 '구체(球體)로부터 분리된' 것이다. '순수함이 더럽혀지지 않기를 바라는' 이슬방울은 '따뜻한 태양이 이슬방울의 고통을 불쌍히 여길 때까지' 기다려야만 하며, '그러면 높이 증발하여 이슬방울은 다시 하늘로 돌아가는 것이다.'

현재 우리 시대 대부분 인간들의 혼과는 달리, 마블의 이슬방울은 물질적 세계로 어둠이 점점 다가오는 것을 피하며 '전능한 태양의 영광 속으로 빠지고' '녹아들길' 갈망하는 하나의 존재이다. 그러나 그 이슬방울의 영상은 숭고하며 영적인 우주적 실재(實在)들과 유사한 우리 인간 혼의 잠재력에 대한 느낌을 만들어낸다. 그 누구도 순수한 투명성을 요구하거나 마블의 이슬방울과 같은 초월성을 강요할 수 없다. 아마도 대부분 우리는 원하지 않을 것인데, 왜냐하면 우리는 직관적으로 물리적 세계와 맞물려 있을 충분한 필요를 느끼기 때문이다. 그럼에도 불구하고 우리가 초자연적인 존재로 상승하는 보다 순수한 상태를 동경하고 있다는 것을 대개는 인지할 수 있을 것이다. 증발된 이슬방울은 분명히 승천(Ascension, 昇天) 또는 다른 상태를 향한 승화와 명백히 관련이 있다. 그러나 또한 이것은 두 가지 죽음의 영상이기도 한데, 만일 우리가 너무나 빠르게

'녹아들려고' 애쓴다면 한편으로 이것은 단지 탈출에 불과할지 모른다는 경고이고, 다른 한편으로는 우리가 여기에서 추구하는 것의 완성이 실패했다는 것을 의미한다. 그것을 완성하기 위해 우리는 또 다른 영상이 필요한데, 그것이 바로 성령 강림절이 우리에게 주는 것이다.

독일어에서 '디히터'(Dichter)라는 단어는 영어로 '시인'(poet)으로 번역되지만, 글자 뜻 그대로 말하자면 언어로 표현할 수 없고 모호한 것을 '요약'하는 사람이라는 뜻이다. 그래서 엘리어트(T. S. Eliot, 1888–1965)는 시를 '모호한 것에 대한 급습'[23)]이라 하였고, 로버트 프로스트(R. L. Frost, 1874–1963)는 시에 대해 다음과 같은 정의를 시도하였는지 모른다.

> "시는 감정에 북받친 목매임, 향수병, 상사병으로 시작한다. 시는 생각을 발견하고, 생각은 단어들을 발견한다."[24)]

그래서 여기에서 우리는 우리 위로 내려오는(descend, 역자 주 : 이 단어는 본 역서에서 승천 혹은 상승을 의미하는 ascension과 대비되는 단어로서 핵심적 용어 중 하나이다.) 단어로 응결 또는 이슬점을 감지할 수 있다. 그러나 내려옴만으로 충분하지는 않다. 시인은 동시에 더 본질적인 표현을 위해 뮤즈[Muse, 역자 주 : 제우스(Zeus)와 기억의 여신인 므네모시네(Mnemosyne)의 딸들로서 그리스 신화에서 서사시, 역사, 서정시, 비극, 무용과 노래, 연애시, 성시(聖詩), 천문학, 희극을 관장하는 아홉 여신]가 되려고 고생하면서 나아가야만 하고, 이해하기 어려운 복음(the Word)을 단어들로 표현하기에 충분할 만큼 자신을 민감하게 투영할 수 있게 만들려고 고군분투해야 하며, 시인을 통하여 말하기를 원하는 영을 품을 수 있는 그릇(vessel, 容器)이 되어야 한다. 슈타이너는 이런 방향의 반전을 여러 번 언급한다. 스스로의 노력을 통하여 우리 내부에서 준비된 무엇인가가 접속하는 불꽃의 흐름을 보낼 때, 성령 강림절의 그 정점의 순간은 우리 안의 비물질적인 왕국을 고양시키고 뚜렷하게 하는 것이다. 또한 이것이 자신의 내면화로부터 많은 중요한 의미를 깨닫는 이들에게 어째서 성령 강림절이 '열매' 혹은 영적 선물들의 수확으로 느껴질 수 있는가 하는 데 대한 이유이다. 열매맺음의 과정은 그 자체로서 이 '울타리'(enclosure, 역자 주 : 이 단어는 담을 둘러쳐 사유지를 만든다는 의미인데, 여기서는 성령이 개별적인 인간의 내부에서 자리 잡는 과정을 함의하는 것으로 보인다.)와 성령(gifts)의 성숙, 그리고 인생 결실(life-bearing)의 잠재력의 훌륭한 영상이다.

거대 국화과(Compositae) 종에 속하는 해바라기를 생각해 보라. 각각의 두상화(flowerhead, 頭狀花, 역자 주 : 꽃대 끝에 많은 꽃이 뭉쳐 붙어서 머리 모양을 이룬 꽃. 예를 들면 국화, 민들레, 해바라기)는 하나의 전체이지만 동시에 수많은 작고 개별적인 자잘한 꽃들의 집합이다. 물론 모든 꽃들과 마찬가지로 해바라기도 역시 처음에는 태양을 향하여 완전히 자신의 몸을 연다. 해바라기는 태양의 힘을 받아들이며, 심지어 태양의 경로를 따라 온 하늘을 향하여 하루 종일 방향을 바꾼다. 해바라기의 생김새와 그 표면은 충실히 태양의 이미지를 반영한다. 심지어 그 동작은 단순히 받아들이는 무엇이 아니고, 가능한 한 위로 향하여 높이 도달하려고 하고 수용한 것의 본질을 향하여 활동적인 변화를 하며, 끌어내려서 미묘한 에테르적 실재(ethereal)들로서의 열매와 씨앗을 응축하는 것이다. 한번은 어떤 사람이 나에게 무엇을 개념적으로 설명하기에 처음부터 아예 믿지 않으려 했다. 그 개념 설명은 빛은 실제로 눈에 보이지 않고 오직 그것이 지구의 저항력과 만날 때 명백하다는 것에 관한 것이다.[25] 그러나 작은 해바라기 꽃들의 군락(群落)은 생명 발아(發芽)의 힘으로 보이지 않는 빛을 물질로 변형시킨다. 같은 방식으로 성령 강림절에 모든 인류의 형제애에 대한 원형의 영상으로서의 그리스도 제자들의 공동체는 하나로서의 불에서 분리된 말들을 통하여 내재(內在)적이고 개인적으로 하강하는 성령을 만들고(**역자 주** : 예수가 성령 강림절에 '불의 혀'를 통하여 모든 인류의 각각에게 성령의 영향력을 행사하였음을 설명하는 것이다.), 그 다음에는 이런 감화의 불꽃들을 세상으로 옮긴다.

슈타이너가 명백하게 밝힌 것처럼 '방언'(speaking in tongues, 方言, **역자 주** : 여기서의 방언이란, 신약 시대에 성령에 힘입어 제자들이 자기도 모르는 외국 말을 하여 이방인을 놀라게 한 말, 혹은 황홀 상태에서 성령에 의하여 말해진다는, 내용을 알 수 없는 말을 의미한다. 신약성서 「사도행전」에 자세히 기록되어 있다. 바울은 성령을 입어 방언을 할 줄 아는 이가 이를 잘못 사용하면 불화와 오해의 여지가 있음을 걱정하였다.)은 다른 인간들과 함께 직접적으로 의사소통하는 진심에서 우러나온 단어들에 대한 은유로서, 성가신 귀울음(耳鳴)과 같이 우리의 다른 인간들에 대한 인식과 '받아들임'을 너무나 쉽게 방해하는 인종, 신념, 국적 혹은 그 이외에도 구분짓는 다른 것들과는 상관이 없는 것이다. 언어들은 텅 빈 껍질이 될 수도 있고, 다른 사람들의 가슴에 씨앗을 뿌릴 수 있는 힘의 성질이 될 수도 있다. 만일 언어들이 후자와 같이 된다면 그것들은 전체 내에 깊이 파묻혀 있는 각각의 개인들의 내부에서 개인으로서의 구별되고 분리되는 특징들의 상실 없이 팽창하는 우주적 인간다움의 창조를 시작할 수 있을 것이다.

점점 분기하고 독단적으로 되어가는 관점들로 꽉 찬, 그리하여 종종 모든 것이 다른 모든 것과 투쟁하는 것처럼 보이는 세상에서 언어에 대한 양쪽의 감각을 통하여 투쟁하는 관점들이 아닌 지구상에서 영이 분명하게 나타나는 곳으로서의 공유하는 이슬점, 즉 성령에 대하여 경축하는 성령 강림절의 잔치보다 무엇이 더 중요하겠는가?

여기 모여진 인용문들과 전체적인 강연들의 폭넓은 내용으로부터 추출된 긴 혹은 짧은 발췌문들은 바로 그 내용을 말하는 것이다. 슈타이너는 그의 강연들을 최고의 감각으로 어떤 예술형태로 발달시켰고, 따라서 우리 독자들은 '전체적인 경험'과 이런 인용문들이 도출된 문맥을 알기 위해서 독창적이고 완벽한 강연들을 참고할 수 있다.

**매튜 바톤**Matthew Barton

# 매튜 바톤의 후기

로버트 프로스트의 시 「꽃들의 덤불」(*The Tuft of Flowers*)[1]은 이상할 만큼 조용하면서도 분위기 있는 작품인데, 시인의 그릇(vessel, 容器)이 담고 있는 창조적인 압력으로 어쩐지 긴장감이 있으면서도 넘치거나 낭비하는 것을 절대 허용하지 않는다. 그것은 또한 부재하는 존재로, 육체에는 나타나지 않고 눈에도 보이지 않는 관계맺기(companionship)의 감각으로 시에 스며들어 있는 조용한 형태로 가득 차 있다. 내 생각에 이 시는 성령 강림절과 많은 공명들을 만들어낸다.

프로스트는 먼저 건초(hay)로 향하는 그 자신을 묘사한다. 그는 태양이 떠오르기 전 새벽 이슬에 젖은 풀들을 잘랐던 풀 베는 사람의 뒤를 따라간다. 그는 숫돌 가는 소리를 들으려고 귀를 기울이지만 풀 베는 이는 가버렸고, 이것은 그의 내부에 외로움의 느낌을 야기시킨다. 그러나 그는 그리스도 승천 이후의 제자들의 외로움에 대한 추억에 잠겨 조용히 모든 인간들의 고독을 인정하려 할 때, 영을 탐색하면서 그 스스로 헤매고 있는 것에 대한 은유로서의 '당황한 나비' (bewildered butterfly)가 지나가며 그 장소에 서 있다가 지금은 잘려진 꽃들을 찾는다. 한때 자연스럽게 자랐던 그 선물들은 싱싱함을 잃었지만 풀 베는 사람이 그 모든 것을 없애지는 않았다. 그의 큰 낫은 '솟아오르는 꽃의 언어' (leaping tongue of bloom, 역자 주 : 꽃들의 덤불을 말하는 것이다.)를 남겨두었다. 여기에서 시는 그 신비스러운 풀 베는 사람의 지구에 대한 사랑과 그의 '순수한 아침의 기쁨' (sheer morning gladness)에 대해 아름다우면서도 분명히 말한다. 거기에 어떤 기쁨의 활기, 즉 시의 부활의 느낌이 있다. 풀 베는 사람은 거의 새벽과 태양 그 자체와 함께 하는 이가 되며, 지구와 정신적으로 소통하는 가운데 자신의 '긴 낫은 땅을 향해 속삭이기' (long scythe whispering to the ground) 때문이다.

그 시인이 풀 베는 사람이 가지고 있던 외롭다는 쓸쓸함의 감각을 벗어나면 그 이후에 별안간 어떤 영의 감각과 유사한 것이 타오르는데, 프로스트는 이를 다음과 같이 적었다.

"그리하여 다음부터의 일은 혼자의 일이 아니었다.

그와 함께 즐기며 그의 도움으로 일하였고 …

그리고 꿈꾸듯이 속마음을 알 수 없으리라 여겼던
사람과 정다운 대화를 나누었다."

내가 아는 한에서 그리스도의 형태는 결코 풀 베는 사람과 관련이 없다. 그러나 이 시에서 죽음으로서의 전통적인 큰 낫은 죽음의 극복으로서의 영의 광휘로 변형되는데, 이는 마치 상실과 외로움이 삶의 에너지로 변형되는 것과 같다. 그 풀 베는 사람은 더 이상 보이지 않지만 그는 여전히 역동적으로 활동하는 존재로서, 그 시인에게 정성어린 교제와 영감을 제시한다. 그 '솟아오르는 꽃의 언어'는 그 시인을 조용한 존재이자 그에 선행하면서도 그와 함께 하는 이의 가슴으로 이끌어 주는데, 만일 그가 영의 자극들을 따른다면 '정다운 대화'(brotherly speech)를 나눌 수 있을 것이다. 그래서 슈타이너는 이 책의 6번째 발췌문에서 다음과 같이 말한다.

> 오늘날 사람들은 단지 사어(死語)가 아닌, 실제적으로 그들을 살아 있는 그리스도가 머무르는 빛으로 이끌 지식으로의 전환점을 필요로 합니다. 그는 단지 지구에서 여러 세기 전에 거주했던 역사적 인물이 아니며, 한때 그들의 신이었던 그는 그들의 성스런 형제가 되었기 때문에 지금도 살고 있고 모든 미래에도 인간들 사이에서 살아갈 그리스도인 것입니다⋯.

그 시인은 '나와 함께 느낄 수 있는 인간'(a spirit kindred to my own)을 찾는데, 우리가 이런 치료를 하는 유익한 영에게 부여하는 이름이 무엇이든지 간에 별안간의 예정되어 있지 않던 교제는 꽃의 언어를 비상한 효능과 주장의 언어인 프로스트 자신의 언어로서 개화할 수 있도록 이끈다.

여기에 그 시가 있다.*

해 뜨기 전 이슬 속에 풀 베고 간
사람 따라 풀 뒤집으러 간 적이 있다.

평평해진 현장(現場)을 보러 왔을 때엔
그의 날을 날카롭게 해주었던 이슬은 사라졌다.

섬(島)처럼 서 있는 나무 뒤에 그를 찾고
미풍에 그의 숫돌 소리를 들으려 하였으나

벌써 풀을 다 베고 제 갈 길로 가버렸으니
그처럼 나 역시 혼자 남은 신세였다.

* 역자 주 : 독자로 하여금 프로스트의 영시의 느낌을 보다 생생히 살려 보고자 이영걸 역, 『로버트 프로스트』, 탐구당, 1980, pp. 44-47에서 일부분을 제외한 「꽃들의 덤불」(*The Tuft of Flowers*) 전문을 인용함을 밝힌다.

'모든 이는 혼자' 라고 속으로 생각하였다.
'함께 일하든 떨어져 하든 간에.'

그러는데 조용한 날개의 당황한 나비 한 마리
빠르게 옆으로 지나갔다.

밤새 희미해진 기억으로 어제 즐겼던
꽃을 찾아 쉬어 가려고.

나비가 맴도는 데를 바라보니
꽃이 땅에 떨어져 시들고 있었다.

그리고는 가물가물 날아가더니
떨리는 날개로 되돌아 왔다.

나는 해납이 없는 문세들을 생각하며
다시 풀을 던져 말리려 할 참이었다.

그런데 먼저 몸을 돌려 개울가의
키 큰 꽃 덤불로 내 눈길을 끌어갔다.

낫이 베지 않고 놓아둔 꽃의 언어가
낫에 드러난 갈대 핀 개울 옆에 환하게 솟아 있었다.

이슬 속에 풀을 벤 이는 이처럼 꽃을 사랑하여
번창하도록 놓아두었는데, 이것은 우리를 위해서는 아니요,

잠시나마 우리의 관심을 자기에게 끌기 위한 것도 아니요,
다만 물가의 아침이 즐거웠던 까닭이다.

하지만 나비와 나는 새벽이 띄워보낸
메시지를 받게 되었다.

그러자 나는 주위에 깨어나는 새 소리를 듣게 되고
땅에 속삭이는 그 사람의 긴 낫 소리도 듣게 되고

나와 비슷한 그의 마음을 느끼게 되었다.
그리하여 다음부터의 일은 혼자의 일이 아니었다.

그와 함께 즐기며 그의 도움으로 일하였고
피곤한 채 정오에는 함께 그늘을 찾았다.

그리고 꿈꾸듯이 속마음을 알 수 없으리라
여겼던 사람과 정다운 대화를 나누었다.

'사람은 함께 일합니다' 라고 충심으로 말해주었다.
'함께 일하든 떨어져 하든 간에.'

# 매튜 바톤이 제시한 더 읽을거리

## 1. 루돌프 슈타이너의 기본 저작들

□ 『고차적 세계에 대한 지식』(*Knowledge of the Higher Worlds*)

□ 『비밀의 과학』(*Occult Science*)

□ 『신지학(神智學)』(*Theosophy*)

□ 『자유의 철학』(*The Philosophy of Freedom*)

## 2. 일부 관련된 루돌프 슈타이너의 논문집들

□ 「성탄절」(Christmas)

□ 「부활절」(Easter)

□ 「미카엘 축일」(Michaelmas)

□ 「성(聖) 요한」(St John's)

□「네 계절들과 대천사」(The Four Seasons and the Archangels)

모든 출판물은 루돌프 슈타이너 출판사(Rudolf Steiner Press : UK) 혹은 슈타이너 서적(Steiner Books : USA)과 관련이 있음

www.rudolfsteinerprees.com

www.steinerbooks.org

# 부록

이 책은 거의 같은 시기에 같은 출판사에서 발간될 『루돌프 슈타이너의 기도와 명상』(원제 : *The Lord's Prayer*)과 함께 그의 기독교적 세계관을 살펴볼 수 있는 저서이다. 국내에 슈타이너의 교육, 철학, 예술, 건축, 신지학 등에 대한 많은 저작들이 출간되어 있고 또 출간 예정이지만 그의 기독교적 세계관에 대해 주로 언급한 책은 아직 볼 수가 없었다.

이 책은 슈타이너의 다른 번역서들과 마찬가지로 쉽게 읽히지 않는 책이다. 그 이유는 물론 역자들의 역량 탓도 있겠지만, 그것과 함께 이 책이 강연문 혹은 연설문을 발췌한 것들을 모아놓은 것이어서 맥락이 맞지 않는 경우도 있고, 그런 류의 글들이 갖는 성격상 일관성 있는 논리가 제대로 성립되어 있지 않는 경우도 있기 때문이다.

이 책의 난해함을 부추기는 또 다른 본질적인 이유는

선행 지식의 문제이다. 이 책을 제대로 이해하기 위해서는 최소한 다음과 같은 세 가지 기본 지식을 어느 정도는 갖고 있어야 하기 때문에 그 난해함이 배가되었을 가능성도 크다는 것이다 . 첫째 성서적 사실들에 대한 기본 지식이 필요하고, 둘째는 슈타이너의 인지학에 대한 기본 지식이 필요하며, 마지막으로 그가 자신의 기독교적 세계관을 설명하기 위해 사용하는 여러 종교와 신화, 전설의 내용 및 상징을 알고 있어야 한다.

독자들의 이해를 돕기 위해서 역자들은 다음과 같은 점들을 보완해 보고자 하였다.

첫째, 성서적 사실에 대한 기본 지식을 보충하기 위하여 총 13개의 발췌문들 앞에 총 17개의 성서 내용을 보충해 놓았다. 17개 중 처음의 8개는 이 책과 가장 밀접한 성서적 사실들, 즉 '빌라도 앞에서 재판받는 예수' 에서부터 '성령의 강림' 까지를 다루었으며, 뒤의 9개는 해당 발췌문과 관련되는 내용을 수록해 놓았다. 처음의 8개는 신약성서에서 '4대 복음' 이라 불리는 마태, 마가, 누가, 요한복음을 두루 인용하였다. 그리고 뒤의 9개 중 성서적 사실과 거의 관련이 없는 발췌문의 경우도 있었는데, 그런 경우 성서의 일반적 내용을 수록해 놓았음을 밝힌다. 또한 원서에는 없는삽화들을 넣어 이해를 돕고자 하였다.

둘째, 슈타이너의 인지학에 대한 기본 지식, 즉 종교, 신화, 전설의 내용 및 상징들은 역자 주 및 삽화를 통해 이해를 돕고자 하였다. 그래서 적지 않은 역자 주가 달려 있으며, 매튜 바톤의 주는 원서와 똑같이 책의 맨 뒤에 위치하도록 하였다.

셋째, 그럼에도 여러 신화와 종교에 대한 내용을 세부적으로 알 필요가 있는 경우도 있어서 이 내용들은 이 부록을 통해서 보충하고자 한다.

## 1. 내용의 기본 구성

본 역서의 이해를 돕기 위해 전체적인 내용을 간략한 표를 통하여 분석적으로 살펴보도록 하자. 성서적 사실의 경우 기본적으로 필요한 내용, 즉 골고다의 기적, 예수의 부활, 예수의 승천, 성령의 강림에 대한 내용은 책 전체를 관통하고 있는 내용이기에 넣어놓지 않았으며, 그 이외에 언급된 사건들을 수록하였다.

| 발췌문 | 성서적 사실 | 종교, 신화, 전설 |
|---|---|---|
| 1. 열매를 맺기 위하여 꽃을 피우다 | – | – |
| 2. 속박에서 풀리다 | – | – |
| 3. 관통하는 영상들 | – | • 조로아스터교 |
| 4. 진리를 제외한 의식이란 없다 | – | – |

| | | |
|---|---|---|
| 5. 프로메테우스(Prometheus)의 투쟁 | – | • 프로메테우스 신화<br>• 헤라클레스 신화<br>• 데메테르/페르세포네 신화 |
| 6. 오직 상실을 통한 얻음 | – | – |
| 7. 의식하는 그릇(vessel, 容器)의 형성 | (9) 「창세기」 7장 1절–24절 : 홍수가 땅을 뒤덮음 | – |
| 8. 하나의 불, 많은 언어들 | (10) 「창세기」 11장 1절–9절 : 바벨탑 | – |
| 9. 따뜻함이 물질을 변형시키다 | – | • 아서왕 전설<br>• 파르치팔 전설 |
| 10. 영(spirit, 靈)은 시간 속에서 산다 | – | – |
| 11. 잃어버린 언어 | (13) 「창세기」 3장 1절–19절 : 남자와 여자의 죄 | – |
| 12. 공허한 문장에서 살아 있는 복음으로 | (14) 「누가복음」 22장 54절–62절 : 베드로의 부인(否認)<br>(15) 「마태복음」 28장 18절–20절 : "항상 함께 있으리라" | • 로마 건국 신화 |
| 13. '진리는 너를 자유롭게 해줄 것이다' | (16) 「요한복음」 1장 19절–34절 : 세례자 요한과 예수의 세례 받음<br>(17) 「사도행전」 9장 1절–22절 : 사울의 개종 | – |

## 2. 관련 종교와 신화, 그리고 전설

### 1) 종교-조로아스터교 : 제3발췌문

조로아스터교는 현재 신도수가 25만 명 정도밖에 되지 않으나 종교학사에서 여러 종교에 다양한 영향력을 행사한 종교로 기록되어 있다. 창시자 조로아스터 혹은 짜라투스트라는 일반적으로 기원전 660년경에 출생하였다고 하지만 매우 불명확하다. 이 종교에 따르면 이 세상에는 하나의 진정한 신이 있는데, 그는 '아후라 마즈다'라고 불린다. 이는 창조신이자 최고신으로서 지혜, 사랑, 봉사, 경건, 완전, 불멸의 여섯 가지 속성을 가지고 있다고 한다. 이 아후라 마즈다에서 두 영(靈)이 나왔으니, 그것들은 각각 선한 영 '스펜타 마이뉴', 악한 영 '앙그라 마이뉴'이다. 조로아스터교는 악마에 대한 언급을 체계화하기 시작한 최초의 종교인 것이다. 이 두 영이 싸우는 세상은 곧 선한 세력과 악한 세력이 싸우는 대쟁투의 현장이며, 인간은 이성과 자유 의지를 활용하여 선한 길을 택해야 한다. 이런 점은 조로아스터교의 선과 악에 대한 이분법적 모습을 잘 드러낸다. 조로아스터교는 사후의 세계에 있어 지옥과 낙원의 구분도 보여주며 윤회의 설도 그려낸다. 고대 강국이었던 페르시아의 종교였던 까닭에 이런 특징들은 유대교와 기독교에 많은 영향을 미치게 된다. 뿐만 아니라 이슬람교에도 영향을 미친다(오강남, 『세계 종교 둘러보기』, 현암사, 2004, pp. 186-194 참조). 여기서 악신인 앙그라 마이뉴, 즉 위선자가 후에 악의 세계를 창조하는 슈타이너가 언급한 아리만이 되는 것이다.

## 2) 신화

### (1) 프로메테우스 신화 : 제5발췌문

본래 거인 티탄족에 속하는 프로메테우스는 인간을 창조하고 인간에게 불을 훔쳐다 준 것으로 잘 알려져 있다. 따라서 그가 인간의 편이라는 점을 알 수 있다. 짐승보다는 우월하지만 신보다는 열등하여 짐승을 다스리며 신을 섬길 줄 아는 인간을 만들기로 한 프로메테우스는 인간의 형태는 만들었으나 무엇을 줄지 고민하고 있었는데, 지혜의 여신 아테나가 지나가다 프쉬케(나비)를 한 마리를 날려 보냈고, 이 프쉬케가 인간의 형상으로 들어가니, 이로써 인간에게는 마음(프쉬케)이 깃들게 되었다고 한다. 그러나 만들어진 인간은 남성이었고 그 짝이 없었으니, 이것은 판도라 신화와 연결되나 여기서는 생략토록 하겠다. 다시 시간이 흘러 인간에게 또 무언가를 줄 수 없을까 고민하던 프로메테우스는 회향나무 가지를 들고 올라가 제우스의 벼락에서 불씨를 훔쳐 가져온다. 이로써 인간의 삶은 그 전과는 확연히 달라지는데, 식생활, 무기 변천, 농기구의 발전 등이 본격적으로 시작되는 것이었다. 이에 화가 난 제우스는 그를 심하게 벌하려 하지만 프로메테우스가 미래를 생각하여 대비할 수 있는 능력이 있으며, 또한 제우스 자신의 미래도 알 수 있다는 사실에 벼락으로 치지는 않고 카우카소스 암벽에 묶어 독수리를 보내어 밤마다 그의 간을 쪼아 먹게 하였다. 그러나 그 간은 곧 다시 소생되었고, 다시 쪼아 먹히는 끝없는 고통을 프로메테우스는 경험해야 했다. 이것은 헤라클레스가 그를 구할 때까지 계속되는 고통이었다(이윤기, 『그리스 로마 신화 3』, 웅진씽크빅, 2007, pp. 46-77 참조). 사실 불핀치가 지적한 것처럼 프로메테우스는 제우스의 안위와 관련된 미래의 내용을 알기에 그와 타협하려면 할 수 있었으나 하지 않았으며, 이것이 프로메테우스가 수난에 대한 고결한 감내와 압박에 대한 반발 의지의 상징처럼 된 까닭인 것이다(토마스 불핀치, 정종국 역, 『전설의 시대』, 삼문당, 1987, p. 22 참조).

**(2) 헤라클레스 신화 : 제5발췌문**

제우스와 알크메네의 아들인 헤라클레스는 성장과정에서 제우스의 아내였던 헤라의 미움을 받아 정신착란으로 자신의 자식을 죽이게 된다. 그래서 그 속죄로 사촌 동생 티린스의 왕 에우리스테우스의 노예가 되어 12년간 그를 섬기며 속죄하는데, 이때 12가지 고역을 맞이한다. 대체적으로는 다음과 같다. ① 네메아의 사자 퇴치, ② 레르네에 사는 히드라 퇴치, ③

케리네이아의 사슴 사냥, ④ 에리만토스 산의 멧돼지 사냥, ⑤ 아우게이아스 왕의 가축우리 청소, ⑥ 스팀팔로스 호반에 사는 식인 새 퇴치, ⑦ 크레타의 황소 퇴치, ⑧ 디오메데스 왕의 식인마 퇴치, ⑨ 히폴리테의 허리띠, ⑩ 괴물 게리온의 소, ⑪ 헤스페리데스의 황금 사과, ⑫ 케르베로스 생포 등이다(요시다 아츠히코 외, 김수진 역, 『우리가 알아야 할 세계 신화 101』, 아세아 미디어, 2002, pp. 118-121 참조). 이 중에서 프로메테우스를 구할 수 있었던 것은 ⑪번째 고역에서였으며, 엘레우시스 신비 의식을 통해 하계로 내려갈 수 있었던 것은 ⑫번째 고역에서였다. ⑪번째 고역에 대해서 살펴보면서 그가 어떻게 프로메테우스를 구하게 되었는지 알아보자.

이 ⑪번째 고역은 12개 중 가장 어려운 일이었다고 하는데, 황금 사과가 열리는 나무는 대지의 여신 가이아가 헤라에게 결혼 선물로 준 것으로 헤스페리데스가 용과 더불어 지키고 있는 것이었다. 그것이 있는 장소를 도무지 알 수 없던 헤라클레스는 요정과 바다의 노인 네리우스 신의 도움을 받아 그 장소를 알 수 있는 방법을 듣는다. 그것은 제우스를 찾아가는 것이었는데, 헤라클레스가 네리우스의 말을 듣고 가니, 제우스는 헤라클레스에게 프로메테우스의 간을 쪼아 먹는 독수리를 죽이고 그를 구하라는 명령을 받았다. 헤라클레스로부터 도움을 받은 프로메테우스는 그에게 황금 사과를 찾으려면 헤스페리데스의 아버지이자 하늘을 어깨로 받치고 있는 아틀라스를 찾아가야 한다고 말하며 한 가지 꾀를 일러준다. 아틀라스로부터 잠시 하늘을 받아 둘러매고 있던 헤라클레스를 황금 사과를 들고 나타난 아틀라스가 농락하지만, 프로메테우스가 일러준 꾀, 즉 하늘을 왼쪽 어깨에서 오른쪽 어깨로 옮겨달라는 말에 속아 아틀라스는 황금 사과도 빼앗기고 다시 하늘을 어깨에 짊어지게 된다(이윤기, 앞의 책, 2007, pp. 264–274 참조). 이렇게 헤라클레스는 프로메테우스를 구하게 되는 것이다.

### (3) 데메테르/페르세포네 신화 : 제5발췌문

제5발췌문에는 헤라클레스가 엘레우시스 신비 의식을 통해 하계로 내려갈 수 있었다는 내용이 나오는데, 이는 데메테르와 페르세포네 신화와 관련이 있는 내용이다. 지하의 왕국에서 오랜만에 지상으로 올라왔다가 에로스의 화살을 맞은 저승의 신 하데스는 대지와 곡식의 여신인 데메테르와 제우스의 딸인 페르세포네를 보고 사랑에 빠지고 만다. 그래서 그녀를 납치하여 지하 세계로 끌고 가는데, 이를 알지 못한 데메테르는 온 땅을 찾아 헤맨다. 그러나 페르세포네를 찾지 못한 데메테르는 페르세포네의 거취를 알려주지 않는 땅에 저주를 내려 땅에 속한 모든 것들을 괴롭게 한다. 마침내 딸이 지하 세계에 있다는 소식을 접한 데메테르는 제우스에게 올라가 간청하는데, 이미 저승 세계에서 하데스에 의해 석류씨 한 알을 먹음으로써 그 세계에 속한 페르세포네를 완전히 데려올 수는 없었다. 그래서 제우스의 중재에 의해 여섯 달은 데메테르와 여섯 달은 저승의 여왕으로서(혹은 1년의 2/3는 지상에서, 1/3은 저승에서) 살게 하였다(이윤기, 『그리스 로마 신화 1』, 웅진씽크빅, 2007, pp. 200-220 참조). 그렇다면 엘레우시스 신비 의식이란 무엇인가.

엘레우시스 신비 의식은 이 두 여신을 숭배하는 것으로서 아테네가 국력이 증대함에 따라 그리스 전역으로 확산되었다. 그 실태는 잘 알려져 있지 않으나 현세에 있어서의 행복보다 사후의 행복을 원하고 생명의 불사와 내세에서의 재생을 믿었다고 전해진다. 그 기원은 매우 오래되어, 미노아 시대까지 거슬러 올라간다(김수진 역, 앞의 책, pp. 102-105 참조). 프레이저 역시 이 신비 의식에 관심을 가지는데, 그는 호메로스의 『데메테르 찬가』를 기본 텍스트로 삼아 접근한다. 마침내 페르세포네를 찾은 데메테르가 기쁨에 겨워 땅과 대지를 잎과 꽃으로 뒤덮은 뒤 엘레우시스의 제공(諸公)인 트립톨레모스, 에우몰포스, 디오클레스, 그리고 왕 켈레우스에게 이 광경을 보여주며 성스럽고 비밀스러운 의식도 계시했다는 것이다. 그리고 그 내용으로 •입회하는 사람이 행하는 예비 단식, •횃불 행렬, •잠자지 않기, •입회자가 얼굴을 베일로 가리고 말없이 양가죽을 씌운 단에 앉는 일, •상스러운 말의 사용, •저열한 농담 입에 담기, •성배로 뜨거운 보리차를 한 모금씩 마심으로써 함께 참여하는 성스러운 신과의 엄숙한 관계 맺기 등이 있다. 또한 프레이저는 엘레우시스의 신비한 의식에 대해서 기록을 남긴 여러 사람들이 신비한 의식의 입회자에게는 내세의 행복이 약속되어 있다고 어렴풋이 내비친 것에서 고대 사람들이 이 신비한 의식에 입회하는 것을 천국의 문을 여는 열쇠로 여기고 있었다는 것을 알 수 있다고 말한다(프레이저, 메리 더글라스 편, 이경덕 역, 『그림으로 보는 황금가지』, 까치, 2002, pp. 225-235 참조). 이런 점으로 인해 슈타이너가 이 비밀 의식에 대해서 언급한 것으로 보인다.

(4) 로마 건국 신화 : 제12발췌문

군신 아레스와 아물리우스의 딸 실비아의 쌍둥이 자식인 로물루스와 레무스에 대해서 아물리우스는 그들을 티베리스 강에 버릴 것을 명령한다. 그러나 신하가 차마 버릴 수는 없어 그들은 바구니에 담아 티베리스 강에 띄워보내지고, 이것을 늑대가 발견하여 젖을 먹여 키웠다. 그후 파우스툴루스라는 양치기와 아내 라렌티아가 다시 그들을 발견하여 키우는데, 이후 자신들의 탄생의 비밀을 알게 된 로물루스와 레무스는 아물리우스를 살해하고 명예를 높인다. 로물루스와 레무스는 자신들이 새로이 도시를 세울 것을 계획하지만 그 과정에서 레무스는 로물루스에 의해 죽임을 당한다. 그렇게 만들어진 도시는 로물루스의 이름을 따서 '로마'가 되었다. 로물루스는 성벽을 쌓고 법을 만들고 주민을 늘리고 의회도 만들었으나 여자의 숫자가 부족하여 인근 도시의 여인들, 특히 사비니인의 여인들을 탈취하기도 한다. 이후 로마가 안정기에 들어가며 로물루스는 영토를 넓히고 오랫동안 로마를 다스리다가 폭풍이 심하게 부는 날 모습을 감추었고, 로마인들은 그를 퀴리누스라는 이름의 신으로 숭배했다고 한다(김수진 역, 앞의 책, pp. 144-147 참조).

### 3) 전설

#### (1) 아서왕 전설 : 제9발췌문

1150년에서 1250년 사이에 아서왕과 성배 이야기가 만들어지는데, 이 시기 성배라는 것은 기독교 문화의 전파 이후 유럽적 의식을 구성하고 있는 대표적인 소재였다(조지프 캠벨, 『신화의 세계』, 까치, 2000, p. 255. 참조). 4-5세기에 브리튼 섬에 침략해 오는 잉글랜드인에 대항하여 브리튼족을 위해 싸운 아서라는 인물이 실제로 있었으며, 그는 신과 같은 존재로 추앙된다(조지프 캠벨 저, 앞의 책, p. 273 참조). 그러나 그는 왕은 아니었으며, 아서왕 전설의 내용과도 크게 상관은 없는 것으로 보인다. 과거에서 현재에 이르기까지 아서왕과 원탁의 기사에 대한 전설은 많이 각색되고 변형되었으나 가장 기본적인 저작으로 꼽히는 것은 토머스 맬로리의 『아서왕의 죽음』이기에 그 줄거리만 간략하게 살펴보도록 하겠다.

아서왕은 잉글랜드 왕의 왕자로 태어나 마법사 멀린의 도움으로 즉위, 주변 여러 나라의 평정을 도모한다. 그리고 보검 엑스캘리버를 입수하고, 카메리아드 왕의 공주 기니비어와 결혼하고 원탁의 기사단을 인계받는다. 그후 점차 아서왕의 공적은 커가고 란슬롯 등이 기사단에 참가한다. 란슬롯은 베레스 왕의 딸 에레인을 사랑, 두 사람은 결혼하여 아들 갤러해드를 낳는다. 그리고 란슬롯과 기니비어의 사랑 및 성배 탐색의 모험 이야기가 전개되고, 결국 아서왕은 치명상을 입고, 기사를 시켜 보검 엑스캘리버를 물 속에 던지게 한 다음 애벌론으로 떠난다. 이 전설에서는 아서왕을 비롯하여 왕비 기니비어, 마법사 멀린, 란슬롯, 트리스탄, 퍼시벌(파르치팔), 가웨인, 갤러해드 등의 기사들이 일련의 이야기의 중심이 되어 상무, 강담(剛膽), 고결, 우애 등의 기사도의 미덕을 표현하고 있는데, 로맨틱한 전설이 강하며 인간적이고 기사적인 모험과 기독교적 의식도 곁들어 있다. 마음이 깨끗한 사람에게만 나타나는 성배, 호신의 마력을 갖춘 엑스캘리버에 의한 신비적인 기적이 곳곳에 나타나며, 중세기적인 매력을 가지고 있다(동아출판사, 『동아 원색 세계대백과 사전 19』, 동아출판사, 1982, pp. 389-390 참조). 이 아서왕 이야기에서 원탁의 기사들의 모험은 성배로 집중하게 된다. 그래서 슈타이너는 성배의 모형을 12개의 선이 외부에서 안으로 모이는 형태로 보았으며, 이는 다음의 파르치팔 전설과 비교되는 것이다.

### (2) 파르치팔 전설 : 제9발췌문

여기서는 볼프람 폰 에셴바흐의 『파르치팔』 내용을 살펴보기로 한다. 여행 기사이자 기독교도 기사였던 가뮤레트와 허젤로이드 여왕의 아들 파르치팔은 아버지가 전사하는 바람에 어머니에 의해 기사가 무엇인지 전혀 알지 못한 채 자라난다. 그럼에도 훌륭한 기사적 자질을 보이던 그는 우연히 기사를 보게 되고, 그렇게 되길 동경하여 어머니의 만류에도 불구하고 집을 나간다. 그래서 도착한 곳이 아서왕의 궁전이었는데, 그곳에서 우연히 왕 신분의 붉은 갑옷의 기사를 죽이고 그 갑옷을 빼앗아 입는다. 그 갑옷을 입고 아서왕의 궁전을 나온 파르치팔의 여행이 이제 시작되는 것이다. 그는 곧 거니먼츠라는 늙은 기사의 성에 도달하여 머물면서 그곳에서 기사도를 배운다. 그리고 또 이곳을 떠나 어느 젊은 여왕의 성에 도착하고, 그곳에서 그 여왕의 부탁으로 적을 물리치고 결혼한다. 여기서 아이를 얻고 또 다시 여행을 떠난 파르치팔은 첫 번째로 성배왕(聖杯王)을 만나게 되는데, 그 당시에는 그가 성배왕인 줄 모르고 실수를 범하여 성배를 얻지 못한다. 따라서 성배왕의 성(城)을 다시 찾고자 시도한다. 이런 시도 중에 또 아서왕의 무리와 만나게 되는데, 파르치팔의 기사 능력을 알아본 가웨인에 의해 아서왕의 무리에 잠시 합류한다. 이때 추악한 외모를 지닌 성배왕의 심부름꾼이 나타나 파르치팔을 모욕하며 아서왕의 무리에게 모험을 제안한다. 그것은 400명의 기사와 400명의 숙녀가 마법에 걸린 성이 있는데, 그 마법을 푸는 것이었다. 가웨인을 포함한 몇 명은 그 모험을 떠나고, 파르치팔은 다시 혼자 성배왕의 성을 찾고자 떠난다. 여행을 계속하다가 한 이교도 기사와 부딪치는데, 결정적 순간에 파르치팔의 칼이 부러져 두 사람은 투구를 벗고 이야기를 나눈다. 그런데 그는 파르치팔의 아버지 가뮤레트가 오리엔트 지방에서 사랑을 나누고 나은 그의 이복형 페이레피츠였던 것이다. 파르치팔과 페이레피츠는 그 전에 성배왕의 심부름꾼이 제안했던 모험을 무사히 극복한 가웨인의 결혼 및 400명의 기사와 400명의 숙녀의 성대한 결혼 연회로 함께 돌아간다. 이때 다시 성배왕의 심부름꾼이 나타나 파르치팔과 페이레피츠를 성배성으로 초청한다. 여기서 파르치팔은 다시 성배왕을 만나게 되며, 과거와 같은 실수를 하지 않고 그에게 합당한 질문을 하여 마침내 성배왕이 된다. 즉 최고의 정신적 가치인 동정심과 충성심의 수호자가 되는 것이다. 그리고 이어서 파르치팔은 아내와 아이들을 데리고 온다(조지프 캠벨, 앞의 책, pp. 299-319 참조). 이제 성배왕이 된 파르치팔은 자신의 정신적 가치를 외부로 발산하게 될 것이며, 슈타이너는 이것을 파르치팔 모형으로 강조한 것이다.

## 3. 국내 루돌프 슈타이너 소개 문헌

### 1) 저작


- 김성숙 · 다카하시 이와오 역, 『교육예술 1 수업 방법론과 교수법』, 물병자리, 2005.
- 김경식 역, 『고차 세계의 인식으로 가는 길』, 밝은누리, 2003.
- 김성숙 역, 『교육은 치료다』, 물병자리, 2001.
- 김성숙 역, 『(교육의 기초로서의) 일반인간학』, 물병자리, 2002.
- 최혜경 역, 『(교육학의 기초가 되는) 인간에 대한 보편적인 앎』, 밝은누리, 2007.
- 이호경 역, 『(루돌프 슈타이너의) 영혼 달력』, 섬돌, 2006.
- 최혜경 역, 『발도르프 특수 교육학 강의』, 밝은누리, 2008.
- 최혜경 역, 『발도르프 학교와 그 정신』, 밝은누리, 2006.
- 양억관 · 다카하시 이와오 역, 『색채의 본질』, 물병자리, 2000.
- 양억관 · 다카하시 이와오 역, 『신지학』, 물병자리, 2001.
- 조준영 역, 『엄마와 아이들을 위한 기도』, 섬돌, 2006.
- 김성숙 역, 『오이리트미 예술』, 물병자리, 2003.
- 최혜경 역, 『자유의 철학』, 밝은누리, 2007.
- 양억관 · 다카하시 이와오 역, 『超感覺的 世界 認識』, 물병

자리, 1999.

2) 학위논문(박사)

□ 김미숙, 「루돌프 슈타이너의 교육예술론 연구 : 오이리트미를 중심으로」, 성신여자대학교 대학원, 2002.
□ 김성원, 「루돌프 슈타이너의 유아교육론 연구」, 대구가톨릭대학교 대학원, 2001.
□ 박윤준, 「루돌프 슈타이너 건축의 인지학」, 경기대학교 건축대학원, 2005.
□ 정윤경, 「슈타이너의 교육론 연구」, 고려대학교 대학원, 1998.

## 4. 부록 작성시 참고 문헌

□ 안진태, 『신화학 강의』, 열린 책들, 2001.
□ 오강남, 『세계 종교 둘러보기』, 현암사, 2004.
□ 이윤기, 『그리스 로마 신화 1』, 웅진씽크빅, 2007.
□ 이윤기, 『그리스 로마 신화 3』, 웅진씽크빅, 2007.
□ 장영란, 『장영란의 그리스 신화』, 살림, 2005.
□ 동아출판사, 『동아 원색 세계대백과 사전 19』, 동아출판사, 1982.

□ 요시다 아츠히코 외, 김수진 역, 『우리가 알아야 할 세계 신화 101』, 아세아 미디어, 2002.
□ 로버트 프로스트, 이영걸 역, 『탐구신서 163 : 로버트 프로스트』, 탐구당, 1980.
□ 로버트 프로스트, 천승걸 역편, 『프로스트의 名詩』, 한림출판사, 1987.
□ 루실라 번, 이경희 역, 『그리스 신화』, 범우사, 2000.
□ 마가렛 스타버드, 임경아 역, 『성배와 잃어버린 장미』, 루비박스, 2004.
□ 슈타이너, 김성숙 역, 『오이리트미 예술-혼을 그리는 동작』, 물병자리, 2003.
□ 슈타이너, 양억관 · 타카하시 이와오 역, 『색채의 본질』, 물병자리, 2000.
□ 슈타이너, 최혜경 역, 『교육학의 기초가 되는 인간에 대한 보편적인 앎』, 밝은 누리, 2007.
□ 스티븐 랭, 남경태 역, 『교양인을 위한 바이블 키워드』, 들녘, 2007.
□ 아르눌프 지텔만, 구연정 역, 『교양으로 읽는 세계의 종교』, 위즈덤 하우스, 2006.
□ J. I. 패커, 유진 피터슨, 리처드 포스터 외, 이용복 · 전의우 역, 『기독교 교양』, 규장, 2007.

□ 제프리 버튼 러셀, 김영범 역, 『루시퍼』, 르네상스, 2006.

□ 조지프 캠벨, 『신화의 이미지』, 살림, 2006.

□ 조지프 캠벨, 『신화의 세계』, 까치, 2000.

□ 토마스 불핀치, 정종국 역, 『전설의 시대』, 삼문당, 1987.

□ 프레이저, 메리 더글라스 편, 이경덕 역, 『그림으로 보는 황금가지』, 까치, 2002.

□ 크리스토프 린덴베르크, 이정희 역, 『슈타이너』, 한길사, 1998.

□ NLT 한영해설성경 편찬위원회, 『NLT 한영해설성경』, 아가페 출판사, 2004.

# 루돌프 슈타이너 연보

| 연 도 | 약 력 | 주요 저서 |
|---|---|---|
| 1861년 | · 2월 25일 지금의 크로아티아,<br>· 크랄예베치에서 출생 | |
| 1872년 | · 빈 근교의 이공계열 김나지움 입학 | |
| 1879년 | · 빈 공과대학 입학 | |
| 1884년 | · 빈에서 가정 교사 생활을 시작함 | |
| 1886년 | | 『실러를 각별히 고려하는 괴테 세계관의 인식론적 기본 노선들』 |
| 1890년 | · 바이마르의 괴테-실러 문집실 에서 작업 시작 | |
| 1891년 | · 로스토크 대학에서 철학박사 학위 취득 | 「인식론의 기본문제-피히테의 학문론을 중심으로」 |
| 1892년 | | 『진리와 과학 : '자유의 철학' 서곡』 |
| 1894년 | | 『자유의 철학』 |
| 1895년 | | 『프리드리히 니체 : 시대에 맞선 투사』 |

| | | |
|---|---|---|
| 1896년 | · 괴테-실러 문집실 작업을 그만둠 | |
| 1897년 | · 베를린으로 이주<br>· 자유문학협회, 드라마 협회 등과 교류함 | 『괴테의 세계관』 |
| 1899년 | · 베를린의 노동자 학교에서 역사 수업을 시작함<br>· 안나 오이니케(Anna Eunike)와 결혼 | |
| 1900년 | · 신지학 도서관에서 니체에 대한 강연 시작 | 『19세기의 세계관과 인생관』 |
| 1901년 | · 미래인 협회에서 강연 시작 | 『근대 정신 생활의 출현에서의 신비학』 |
| 1902년 | · 신지학 협회 가입 | 『신비로운 사실로서의 기독교와 고대의 신비들』 |
| 1904년 | · 독일 신비학파의 대표로 인정받음 | 『신지학 : 초감각적 세계 인식과 인간 규정 입문』 |
| 1906년 | · 파리, 라이프치히, 슈투트가르트 등에서 연속 강연 | |
| 1908년 | · 독일, 네덜란드, 스칸디나비아 등에서 연속 강연 | |
| 1910년 | · 독일, 스칸디나비아, 오스트리아 등에서 강연 | 『신비학 개요』 |
| 1911년 | · 안나 슈타이너 오이니케 사망 | 『인간과 인류의 정신적 지도』 |
| 1912년 | · 오이리트미 첫 지도 | 『인지학적인 영혼의 달력』<br>『인간의 자기 인식으로 가는 길』 |
| 1913년 | · 신지학 협회 탈퇴 및 인지학 협회 결성<br>· 도르나흐에서 첫 번째 괴테아눔 기공식 | 『정신세계의 문지방』 |
| 1914년 | · 마리 폰 지버스(Marie von Sivers)와 결혼<br>· 제1차 세계대전 발발 | 『개요로서의 철학사에 나타난 철학의 수수께끼』 |
| 1916년 | | 『인간의 수수께끼에 관해』 |

| | | |
|---|---|---|
| 1917년 | | 『영혼의 수수께끼에 관해』 |
| 1919년 | · 삼원체 운동을 전개함<br>· 슈투트가르트에서 자유 발도르프 학교 설립 | 『현재와 미래의 생활에 꼭 필요한 일들에서의 사회 문제의 핵심』<br>『사회 유기체의 삼지성과 시대 상황에 대한 논문』 |
| 1922년 | · 12월 31일 첫 번째 괴테아눔 방화로 인한 파괴 | 『우주론, 종교, 그리고 철학』 |
| 1923년 | · 인지학 협회의 활성화 시도<br>· 독일, 노르웨이, 영국 등 여러 나라에 협회 신설<br>· 일반 인지학 협회의 설립 및 회장 취임 | |
| 1924년 | · 두 번째 괴테아눔 기공식<br>· 9월 28일 마지막 강연회 | |
| 1925년 | · 3월 30일 사망 | 『내 인생의 발자취』<br>『인지학의 기본 원칙』<br>『정신과학적 인식에 따른 의술 확대를 위한 기초』 |

* 이 연보는 원서에는 없는 것으로 아래 참고문헌들에 실린 '슈타이너 연보'를 참고하여 역자들이 재구성한 것임을 밝혀둔다.


• 크리스토프 린덴베르크, 이정희 역, 『슈타이너』, 한길사, 1998.
• 루돌프 슈타이너, 김성숙 역, 『오이리트미 예술』, 물병자리, 2003.
• 루돌프 슈타이너, 최혜경 역, 『교육학의 기초가 되는 인간에 대한 보편적인 앎』, 밝은누리, 2007.

# 주

1 슈타이너의 관점에서 우리의 광물화된 육체적 몸과 별도로 우리가 식물왕국과 공유하는 에테르체 혹은 생활의 몸을, 그리고 별들과 우주와 관련되어 있는 우리가 동물들과 공통으로 하는 아스트랄체 혹은 혼의 몸을 소유한다. 에테르체는 무엇을 함에 있어 리듬들, 순환들, 그리고 습관적인 방법들과 주로 연관되는 반면, 아트스랄체는 열정들, 감정들, 그리고 혼의 소재지이다. 네 번째이자 우리 존재의 영구한 측면은 나(I) 또는 자아(ego)인데, 그것은 사후에도 존재하길 지속하며 계속하여 새로운 몸에서 재생(reincarnation)하려 한다. 물론 육체적 몸을 별도로 하면 다른 몸들은 감각적인 지각으로는 보이지 않는다. 그것들의 실제성을 획득하는 한 가지 방법은 그것들의 부재를 상상해 보는 것이다. 예를 들어 에테르체 혹은 생활의 몸이 없다면 인간은 실 수 없고 숨을 쉴 수 없는데, 왜냐하면 그 육체적 몸 단독은 광물적 물질로 이루어져 있기 때문이다. – 그리고 그것은 모두 죽음의 상태에 남겨진 것이다.

2 인지학이란 슈타이너가 그의 광범위하면서도 그리스도가 중심된 철학과 실천에 부여한 용어이다. 글자 뜻 그대로는 그것은 '인간의 지혜'를 의미한다.

3 아래의 주 23을 보시오.

4 관련된 것으로 「부활절」(*Easter*)을 보시오.

5 지구의 진화에서 아틀란티스 시대는 폴라리언(Polarian), 하이퍼보

리안(Hyperborian), 그리고 레무리안(Lemurian) 시대들에 이은 네 번째 시대이다. 이것은 '대홍수' 로 끝이 나는데 우리는 현재 다섯 번째 시대 혹은 '후(後)아틀란티스' 시대에 살고 있으며, 그 중간 지점은 그리스와 로마 문명, 그리고 그리스도의 시대에서 구체화되었다. '모든 것의 모든 것에 대한 전쟁' 으로 끝이 날 다섯 번째 시대 이후 지구의 붕괴 및 지구의 새로운 행성으로의 구체화에 앞서는 '프랄라야' (pralaya) 시대로 들어가기 이전에 두 시대들이 더 이어질 것이다.

6 슈타이너의 인지학에서 핵심적 교의 중 하나는 우리가 많은 삶들을 통과하고, 따라서 우리의 진화과정 속에서 광범위하게 다른 문명들과 시대들을 경험한다는 것이다. 각각의 삶으로부터의 과업들은 우리의 영원한 정수 또는 자아에 의해 처리되며, 그리고 각각의 새로운 구체화를 위한 토대를 형성한다.

7 루시퍼와 아리만은 슈타이너의 우주 철학에서 정반대의 두 가지 힘들이다. 루시퍼는 우리를 지구로부터 떼어내기 위하여 유혹하는 반면, 아리만은 우리를 지구에 속박한다. 그리스도는 두 힘들 사이에서 균형을 맞추는 조정자이다.

8 아래의 주 23을 보시오.

9 아래의 주 23을 보시오.

10 아래의 주 24를 보시오.

11 아래의 주 23을 보시오.

12 UK 방송의 최근 프로그램에서 한 스코틀랜드 사람은 어떻게 그의 가족이 그들의 과거의 15세기 가계를 잊지 않고 있었는지 선조들의 이름들을 암송함으로써 보여주었다. 이런 일종의 입의 기억은 여전히 멀리 떨어진 장소들 여기 저기에 존재하고 있다.

13 아래의 주 23을 보시오. 육체적 몸이 더 이상 에테르 및 아스트랄의 왕국에 '간섭하지' 않는 곳에서 우리의 이런 왕국들에 대한 인식은 바뀐다. 이 토론의 완전한 문맥을 이해하는 데 어려움이 없게끔 원래의 강연문을 보시오.

14 천사와 같은 의식으로서의 미래 단계.

15 위의 주 2를 보시오.

16 아래의 주 23을 보시오.

17 아래의 주 23을 보시오.

18 위의 주 4를 보시오.

19 콜린스(M. Collins, 1851–1927) 저, 『길 위의 빛』(*Light on the path*), 신지학 대학교 출판국, 파사데나(Pasadena), 캘리포니아.

20 로마의 건국자들인 로물루스(Romulus)와 레무스(Remus)는 늑대에 의해 양육되었다.

21 슈타이너는 여기서, 그가 추진하던 '사회적 조직의 삼원체'에서의 생각들을 참조하고 있다.

22 아래의 주 23을 보시오.

23 엘리엇(T. S. Eliot) 저, 『4중주』(*The Four Quartets*), 파버(Faber), 2001.

24 허버트(W. N. Herbert) · 홀리스(M. Hollis) 저, 『강력한 단어들, 현대의 시와 현대의 시인들』(*Strong Words, Modern Poets on Modern Poetry*), 블러드-엑스 북스(Blood-axe books), 2000 재판 중 헤네이(S. Heaney)의 「기능과 기술」(Craft and Technique)에서 인용됨.

25 횃불을 밝히고 다른 불을 모두 끄시오. 그리고 종이에 횃불의 빛을 비추어 보시오. 그 횃불의 '광선'은 대기에 광선을 비추기 위한 먼지가 있는 장소에서, 오직 종이에만 나타날 것이다.

26 「꽃들의 덤불」(The Tuft of Flowers)은 라뎀(E. C. Lathem)에 의해 편집되고 카프(J. Cape)에 의해 출판된 『로버트 프로스트 시집』(*The Poetry of Robert Frost*)에서 인용되었다. 랜덤 하우스 그룹(The Random House Group Ltd)의 허가에 의해 재판되었다.

# 저자 약력

**루돌프 슈타이너**(*Rudolf Steiner*, 1861–1925)는 자신의 영적인 철학을 인류의 지혜를 의미하는 '인지학'(*anthroposophy*, 人智學)이라고 불렀다. 매우 발달된 감각에 주목하는 선각자로서 슈타이너는 영적인 특징들에 대한 직접적 인식과 지각을 자신의 작업 근거로 삼았다. 그는 분명하면서도 편견 없는 사고를 자발적으로 훈련하고자 하는 사람이라면 누구나 접근하기 용이한 현대적이고 우주적인 '영의 과학'(*science of spirit*)을 새롭게 펼친 사람이기도 하다.

슈타이너는 자신의 영적 연구를 근거로 해서 일반적인 부문과 특수한 부문 모두와 관련된 교육 분야 및 농업 · 약학 · 경제학 · 건축술 · 과학 · 철학 · 종교학, 그리고 예술 등을 포함한 많은 활동들을 조명할 수 있는 많은 제안을 하였다. 오늘날 실천적인 일들을 하고 있는 다수의 학교와 진료소, 농장 등에서 그의 제안이 폭넓게 수용되고 있다. 그의 많은 작품들은 인류의 영적 특성과 세계와 인류의 전개, 그리고 개인적 발달의 방법들에 대한 그의 탐색으로 구성되어 있다. 슈타이너는 약 30여 권의 책을 썼고 유럽 전역을 돌면서 6,000회가 넘는 강연을 하였다. 1924년에는 '일반 인지학 협회' (*General Anthroposophical Society*)를 설립하였는데, 그 협회는 오늘날까지도 전 세계에 많은 지부를 가지고 있다.

# 역자 약력

- **박병기**(朴柄基, 대표 역자)

서울대학교 사범대학 윤리교육과 졸업

같은 대학원 석사 및 박사(도덕교육 및 윤리학 전공)

불교원전전문학림 삼학원 수료

서울대학교 사범대학 강사, 전주교육대학교 교수 역임

현재 한국교원대학교 윤리교육과 교수

국가생명윤리심의위원회 전문위원, 가산불교문화연구원 전문위원

〈주요 저서〉

『윤리학과 도덕교육』(1·2), 『우리 시대의 문화와 사회윤리』 외.

〈역서〉

『사드의 철학과 성윤리』, 『컴퓨터윤리학』, 『아동인격교육론』 외.

- **김민재**(세 번째, 네 번째 강연 번역 및 윤문)

한국교원대학교 윤리교육과 졸업

한국교원대학교 대학원 교육학 석사
한국교원대학교 대학원 박사과정(윤리교육 전공) 재학
태동고전연구소(지곡서당) 한문 수학 중
전 충남 천안고등학교 윤리 교사

루돌프 슈타이너의 **기독교적 세계관**

초판1쇄 / 2009년 3월 20일
지은이 **루돌프 슈타이너**
엮은이 **매튜 바톤**
옮긴이 **박병기 / 김민재**
펴낸이 **여국동**
펴낸곳 **도서출판 인간사랑**
인 쇄 **백왕인쇄**
제 본 **은정제책사**

출판등록 1983. 1. 26. / 제일-3호

(411-815) **경기도 고양시 일산구 백석동** 1178-1
TEL (031)901-8144, 907-2003
FAX (031)905-5815
e-mail/igsr@yahoo.co.kr
e-mail/igsr@naver.com

정가 12,000원

ISBN 978-89-7418-275-5 93200